编委会

主　　任	陈创举	唐　宇			
副 主 任	张赛君	王克军	吕清胜	张　斌	许玉国
	于洪岩	石开进	位玉红		
委　　员	姚正伟	沙依提	孟　坤	项宗文	时振京
	方　君	孔　伟	杨自强	汪　俊	董志良
	李佳民	黄永泉	王业战	杨荣江	赵　亚
主　　编	陈创举	唐　宇	位玉红	张赛君	
副 主 编	许玉国	王克军	石开进	张　芳	
编写人员	何彦芳	姜　晨	王联合	华　康	姚金龙
	孙双龙	田秋香	李　茜	刘　聘	李雅芬
	王春桂	刘　成	李　婵	王永昌	杨　会
	李　明	史为好	姜金焱	杨冬风	李晓佼

天山矿业公司产业工人"五小"创新成果汇编

陈创举 唐 宇 位玉红 张赛君 主编

应急管理出版社
·北京·

图书在版编目（CIP）数据

天山矿业公司产业工人"五小"创新成果汇编／陈创举等主编．－－北京：应急管理出版社，2021
 ISBN 978－7－5020－8949－8

Ⅰ.①天… Ⅱ.①陈… Ⅲ.①矿业—技术革新—成果—汇编—新疆—2015－2020 Ⅳ.①F426.163

中国版本图书馆 CIP 数据核字（2021）第 204249 号

天山矿业公司产业工人"五小"创新成果汇编

主　　编	陈创举　唐　宇　位玉红　张赛君
责任编辑	成联君
责任校对	邢蕾严
封面设计	众安图书
出版发行	应急管理出版社（北京市朝阳区芍药居 35 号　100029）
电　　话	010－84657898（总编室）　010－84657880（读者服务部）
网　　址	www.cciph.com.cn
印　　刷	徐州市立达印刷有限公司
经　　销	全国新华书店
开　　本	787mm×1092mm$^1/_{16}$　印张　14$^3/_4$　字数　239 千字
版　　次	2021 年 11 月第 1 版　2021 年 11 月第 1 次印刷
社内编号	20210077　　　　　　定价　45.00 元

版权所有　违者必究

本书如有缺页、倒页、脱页等质量问题，本社负责调换，电话:010－84657880

前 言

徐矿集团新疆天山矿业公司劳模创新工作室由劳模、工匠、高技能人才组成，以解决井下煤炭开采所遇问题为主要任务，以班组现场问题为内生驱动，大力推动矿井"五小"科技创新，力求小改小革解决现场需要，切实为企业高效生产争得实质突破。与此同时，天山矿业公司劳模创新工作室以大力推动创新创效为契机，持续推进导师带徒、技术能手和青工结对子等传统且具有实效的技术提升模式，逐渐形成劳模引路、工匠示教、青工赶超的良好技能学习氛围。

为贯彻发展新理念，构建发展新格局，坚持创新核心地位，实施创新驱动发展战略，激发广大职工的创造活力和创新潜能，促进产业工人队伍改革发展。徐矿集团新疆天山矿业公司劳模创新工作室积极践行大众创业、万众创新理念，在工作岗位上大力开展以小发明、小创造、小革新、小设计、小建议为主的"五小"创新活动，取得了丰硕成果。徐矿集团新疆天山矿业有限公司劳模创新工作室将这些成果整理编写成了《天山矿业公司产业工人"五小"创新成果汇编》一书。

本书共收录2015—2020年天山矿业公司"五小"创新成果近100项，以及国家知识产权局授权的发明专利、实用新型专利等18项。这些成果，个个都含金量高、实用性强、安全经济效益明显。本书是热爱并献身于"五小"创新成果产业工人队伍的汗水和智慧的结晶，真实地反映了天山矿业公司广大产业工人为实现"徐矿梦•天山梦•中国梦"的努力和付出。

本书的出版，有助于学习并推广劳模的高效技术、创新方法、管理经验，充分发挥其示范带头作用；有助于大力弘扬劳模精神、劳动精神、工匠精神；有助于把职工创新纳入企业创新体系，鼓励探索，激励创新，不断激发职工创新潜能，增强创新动力，为企业高质量发展争做贡献。

张 芳

2020年12月28日

目　次

第一部分　"五小"创新成果

采煤专业

支架运输调向盘	5
大倾角工作面防滚矸快速封闭挡矸帘	7
转载机机头防撒炭装置	9
工作面运输巷刮泥槽	10
工作面退锚辅助装置	12
滑行索道在老区斜巷排矸中的应用	13
矿用综采支架装车调整装置	15
锯齿风炮套筒	17
转载机老虎口刀式防堵装置	18
采空区疏放水防堵装置	20
淤泥转运装置	22
轻型单体挪移车	23
采煤机离合轴定位装置	25
气压式抽油装置	27
综采工作面出口电缆拖移装置	29
支架销子保护装置	31
损坏螺栓拆除工具	33
同步移架防滑防倒装置	34
电缆槽螺栓快速拆除新工艺	36
可升降式风镐在挑顶施工中的应用	37
液压支架管路拆除专用狼牙钳	39
工作面隅角斜撑式隐形液压支架	41
本质安全型虹吸排水装置	43

转载机液压控制行人过桥 ·· 45
自移悬臂式组合行人过桥 ·· 47
转载机机尾掩护支架 ··· 48
带式输送机张紧跑车无极调节戗轮 ····································· 49
液压起吊装置 ··· 50
防输送带接头撕裂便装刮煤器 ··· 51
综放工作面防堵自移式老空水输水管道 ······························· 52
平巷无极绳索车防飘绳装置 ··· 54
无极绳索车钢丝绳自动加油装置 ······································· 55
原煤带式输送机机头卸载点无动力扇形篦条筛 ······················· 56
超前支架底调千斤顶高强度轻型双向连接头 ·························· 57
机轨合一巷道折叠式输送带过桥 ······································· 58
井下免登高作业手钳 ··· 59
小通道搬运车 ··· 60
综采工作面单体挪移机载滑道 ··· 61

掘进专业

一种局部通风机降噪装置 ·· 67
锚杆(索)拉拔力实验防坠防崩装置 ····································· 72
气腿式风动帮锚机 ·· 74
机械自动注油器 ··· 75
岩巷掘进工作面防炮崩挡矸帘 ··· 76
捕尘箱 ·· 78
麻花钻杆退钻器 ··· 80
全方位底板地质钻孔轻型机架 ··· 82
人工中部槽挪移杠 ·· 84
锚杆钻孔孔内裂隙自动修复技术 ······································· 85
转载点开放式溜头支撑架 ·· 86
多功能轻型运输车 ·· 87
压风过滤装置研制 ·· 88
带式输送机中间部挖底机体临时支撑架 ······························· 89
顶板锚杆预紧加长杆的研制 ··· 90
喷浆机上料口控制产尘装置 ··· 92
矿用潮式喷浆机上料口无尘型装置 ···································· 94

360 钻机消尘装置 … 97
矿用无尘型混凝土拌料装置 … 98
隔爆污水泵吸水口自动防堵装置 … 100

通防、防冲专业

360 钻机轻型支撑架 … 105
K4 钻机加长杆 … 107
采煤机喷头 … 109
钻孔煤粉收集器 … 110
高压注水设备过滤器 … 112
360 钻机辅助退钎装置 … 114
隔爆水槽易控补水装置 … 116
井下回风巷道空气净化装置 … 117

机电运输专业

刮板输送机中部槽耐磨中底板 … 121
特种密封圈压制模具 … 123
采煤机对口燕尾锁紧装置 … 125
矿用水槽压制模具 … 127
主副井闸控系统升级改造 … 128
斜巷防跑车电控风控联动装置 … 129
乳化液泵曲轴润滑系统 … 131
制冷机 PLC 隔离模块 … 133
钢轨搬运钳 … 134
斜巷防超挂车组合控制装置 … 136
液压支架立柱防护罩 … 138
工作面溜头处电缆保护装置 … 140
井下监测监控系统备用电源电量指示装置 … 142
矿井主要通风机振动报警装置 … 143
压缩机过载过热保护电路 … 145
净水器加热器电子自动控制装置 … 147
带式输送机电动机驱动硬连接 … 149
输送带电缆沟加工模具 … 150
主井提升系统驱动模块保护电路 … 151

废旧 U 型钢棚的复用技术	153
支架侧护板平衡组件维修操作台设计	155
井下用连锁道挡	156
输送带防跑偏装置	157
带式输送机无负荷自动停车技术	158
输送带自动点动启动装置	160
牵引钢丝绳自动注油机	162
输送带入料缓冲床	163
矿用采煤机遥控器电路板的防水处理	165
法兰盘焊接专用模具	167

第二部分　技术专利

自动关闭式溜煤装置	173
轻型掩护式临时支护设施	175
喷浆机速凝剂自动添加装置	179
一种化学高效水炮泥	181
采空区高压泄水孔自动透孔系统	184
一种降低劣质煤泥中灰分的方法	187
煤机对口部件燕尾锁紧装置	190
大倾角工作面防滚矸装置	192
带式输送机空负荷自动停车装置	194
斜巷防跑车电控风控联动装置	197
斜巷防超挂车控制机构	200
矿用潮式喷浆机上料口减尘装置	203
矿用潮式喷浆机上料口无尘型装置	206
矿用潮式喷浆机外周集尘装置	210
用于矿用隔爆污水泵吸水口的防堵装置	213
潮式矿用喷浆机上料口降尘装置	216
矿用局部通风机进风口降噪装置	220
法兰盘焊接专用模具	223

第一部分

"五小"创新成果

采煤专业

支架运输调向盘

1. 技术研发背景

支架从拆除工作面到安装工作面,由于受到现场运输系统的限制,支架到达安装工作面时,其前后方向往往不能满足安装的要求,需要调换支架前后方向,特研制支架运输调向盘(图1)。

图1 支架运输调向盘

2. 技术原理

液压支架在采煤工作面转移运输过程中,有时需要调换一下前后方向。在现场巷道条件许可的情况下,一般采取钉调向车场的办法解决。但是施工车场需要刷大巷道、挖底、钉轨道等工序,比较烦琐,费时费力,还影响施工进度。研制一种支架调向装置,在巷道交叉点较为宽敞的十字交叉轨道处布置如图1所示的旋转平台(上有轨道),当支架车运行到平台时停止固定,然后启动绞车带动平台旋转,直到调向到位,用时较短,工效高。

3. 创新点与实施效果

一是支架运输调向盘装置占用空间小,可实现机械化操作,能够多次复用。

二是人员远控操作,不需要操作人员直接触碰支架车,安全风险小。

4. 经济效益预测

每安装一次工作面,减少用工 180 多个,减少巷道刷大巷道、挖底、钉轨道等零活工程量 200 多个,并减少材料及用工投入,累计为矿井创效约 28 万元。

大倾角工作面防滚矸快速封闭挡矸帘

1. 技术研发背景

某工作面倾角为 20°~30°,直接顶砂泥岩较破碎,容易发生冒顶事故,因此整个工作面支架上铺金属网护顶。由于每班作业人员都要频繁进入工作面进行铺网连网、检修等施工,工作面煤壁区片帮滚矸对下方进入工作面作业的人员构成安全威胁。目前矿上采取金属网或金属栅栏进行防护,防止滚矸伤人。但该工序复杂,费力费时,影响工作面产能发挥。

针对上述问题,研制了大倾角工作面防滚矸快速封闭挡矸帘,如图 1 所示。

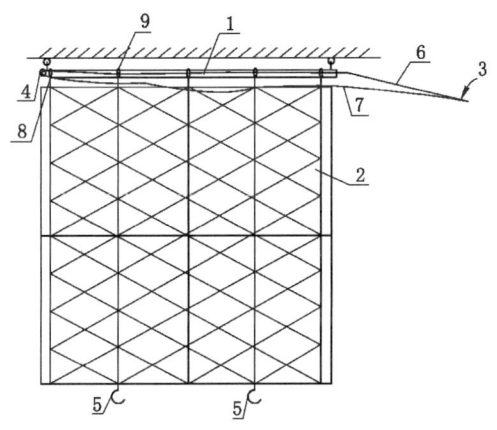

1—导杆;2—挡矸帘;3—循环绳;4—定滑轮;5—金属挂钩;6—上部循环绳;
7—下部循环绳;8—连接点;9—吊环

图 1 大倾角工作面防滚矸快速封闭挡矸帘

2. 装置结构

该挡矸帘如同开关式的窗帘,分为导杆、呢绒网、循环绳、定滑轮、金属挂钩等五部分构成。

导杆采用 6 分镀锌钢管加工而成,长度 2 m,与工作面刮板输送机处可滚矸的宽度耦合(采煤机跑道至煤壁的距离约 2 m)。

呢绒网利用吊环吊挂在导杆上,其宽 2 m,高 2.8 m,该高度与支架顶梁至工作面刮板输送机上面高度耦合。

循环绳经过钢管里侧、前端定滑轮后与呢绒网前端联系,在循环绳的另一端可以通过彼此抽动来牵引呢绒网打开或关闭工作面,起到阻拦工作面滚矸的作用。

循环绳拉动时,定滑轮起到减轻阻力的作用。

金属挂钩均匀系在呢绒网的最下端,呢绒网封闭工作面后,将金属挂钩挂在刮板输送机的链条上,防止滚矸冲击呢绒网后继续往下滚落。

3. 操作程序

将装置在支架顶梁上按图1所示安装,使用后不拆除,跟随支架走。

(1) 人员进入工作面前拉关闭绳,挡矸帘迅速封闭工作面刮板输送机,并将呢绒网下端金属钩挂在刮板输送机链条上,人员可进入工作面作业。

(2) 人员离开工作面后,拆开金属挂钩、拉打开绳,挡矸帘迅速回到人行道位置。

4. 创新点与使用效果

(1) 降低安全风险。进入煤壁区作业前,人员不用到工作面煤壁区设置挡矸栏,因而不存在滚矸伤人等安全问题。

(2) 操作简单,提高功效。该装置突出一个"快"字,整个封闭过程仅仅需要 1 min 左右时间。而原施工工序中,设置挡矸栏则需要 15 min 以上时间,有效采煤作业时间相对缩短,从而影响工作面产能发挥。

(3) 使用后不需要拆除,可跟随支架一起前移,而且该挡矸帘不使用时也不影响其他工序的施工,不需频繁拆除安装,可随时使用,减轻职工劳动强度。

5. 经济效益预测

通过使用大倾角工作面防滚矸快速挡矸帘,有效避免了滚矸事故的发生,给现场职工创造了一个有安全感的作业环境;同时,该装置轻便、快捷、一次安装长期使用的特点,节省了人力物力,取得了较高的经济效益。

转载机机头防撒炭装置

1. 技术研发背景

采煤工作面转载机向输送机尾吐炭时,由于运行的炭块存在动能,落到输送带上瞬间跳动,容易从带式输送机上滚落下来,掩埋带式输送机机尾。司机需要额外清理这些炭块,也容易造成撕输送带等恶性事故。

2. 技术原理

研制的防撒炭装置如图1所示,可以直接卡在转载机机头两侧挡板上,转载机吐出的炭块首先撞到输送带"帘子",使其动能减小,不再弹跳,就不易从输送带上撒落下来,从而减轻职工清理的劳动强度。

图1 转载机机头防撒炭装置

3. 创新点与实施效果

装置结构简单,便于加工和安装,采用的废旧输送带具有耐磨、使用寿命长等特点,整个装置的加工费用低廉,在矿井综采工作面已经正常投入使用,效果良好。

工作面运输巷刮泥槽

1. 技术研发背景

工作面受地质条件及生产用水影响较大,特别是工作面刚开始向外运煤时,带式输送机带出部分水炭,在机头扫煤器处刮下较多底输送带淤泥,影响现场作业环境。安装使用输送带刮泥槽(图1),直接将淤泥刮下并导入刮板运输机上,可较好地解决这一问题。

图 1 刮泥槽

2. 技术原理

使用废旧铁皮加工泥槽,在靠近带式输送机机头方向泥槽下部中间处预留1.5寸小孔,将管子连接在小孔处,将泥槽固定在输送带底托辊下,使输送带拉回的泥炭直接落入泥槽内,通过泥槽流入前方刮板运输机内。平时每天早班需要安排专人清理至少两车淤泥,使用泥槽后,作业环境得到了较大改观。

3. 创新点与实施效果

经过使用刮泥槽,现场卫生得到了较好的改善,促进了矿井质量标准化的创建,避免了每天专人清理淤泥,节省了人力。

工作面退锚辅助装置

1. 技术研发背景

为防止工作面采空区悬顶,通常采用剪网退锚的方式解决。以往使用风炮退锚时,经常采用人工托举的方式,不仅劳动强度大,而且易造成风炮滑落,危及施工人员的安全。

2. 技术原理

使用高强度尼龙绳与风炮机身侧手把连接,在顶板上固定一滑轮,将尼龙绳穿过滑轮片,将风炮拉起固定在锚杆螺母上,开启风炮将螺母卸掉。

3. 创新点与实施效果

使用退锚辅助装置(图1)后,现场施工效率提高明显,每天节约时间约1.5 h,明显提高了劳动效率。

图1 工作面退锚辅助装置

4. 经济效益预测

经过改进施工方法,优化了工序,降低了职工的劳动强度,提高了施工期间的安全系数,退锚效率显著提高。

滑行索道在老区斜巷排矸中的应用

1. 技术研发背景

矿井停止生产活动的老采区巷道失修,断面收缩,影响正常通风。巷道挖底扩巷施工无机械排矸线,为降低职工劳动强度及行走、抬架期间可能发生的不安全因素,现场设计使用了索道滑行装置(图1),减少了职工的劳动强度,也确保了现场的施工安全。

2. 设计原理

使用架空索道配合滑轮等装置,将盛装好的浮煤矸利用其自重从施工地点向下滑动后带动下方空容器上行,如此循环使用,减少了人工上下抬运的步骤,避免了用工浪费。

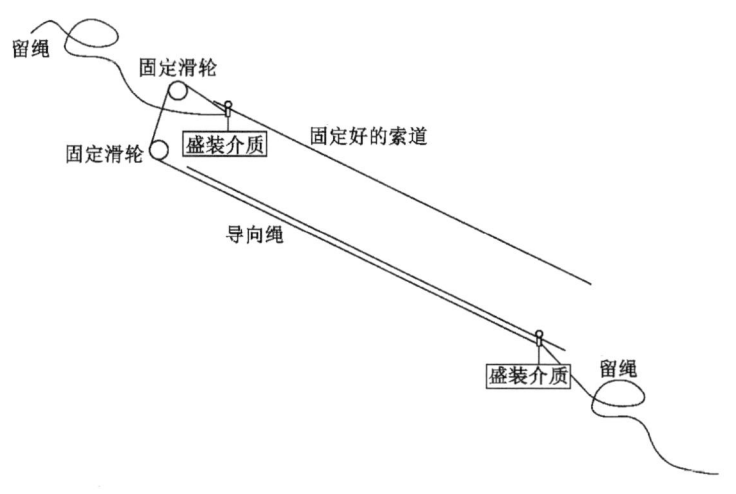

图1 滑行索道

3. 使用注意事项

(1) 使用索道运输前,必须对所使用的留绳、索道、信号,以及滑轮的固定及连接的完好情况进行详细检查,发现问题及时处理,不完好严禁使用。

(2) 发出信号前,认真检查抬筐与留绳、滑轮、索道之间连接是否牢固可靠,确认无误后再打点走钩。

（3）运输时索道运行范围内严禁有人，运输前应安排专人沿途撤人，索道上下口要有专人设警戒，信号把钩工必须躲到 5 m 以外的安全地点。信号把钩工要认真检查人员躲避情况及连接情况是否牢固可靠，人员没有躲开、信号联系不清、连接不牢固可靠时，严禁打点走钩。

（4）整个运输过程中要缓慢匀速进行，负责拉拽留绳人员要控制好运行速度，严防运行速度过快而发生其他意外。

（5）完成一次运输后要联系清楚信号，只有在信号联系清楚确认上下抬筐均稳定后再进行摘挂工作，否则，任何人员严禁进入警戒范围，严防抬筐等设置误动作伤人。

4. 创新点与实施效果

采用索道滑行装置排矸，比人工抬运矸石，单位时间效率提升 1 倍多。机械施工可避免人为滑倒伤害事故的发生，安全经济效益极为明显。

矿用综采支架装车调整装置

1. 技术研发背景

煤矿井下工作面拆除,综采支架回收装车时,一般是轨道延伸至工作面出口,在轨道末端布置爬车器,平板车靠近爬车器,利用回柱绞车牵引综采支架从爬车器爬到平板车上。综采支架到平板车上后一般其姿势不正、重心与车辆不吻合,需要人工用单体液压支柱借助巷帮进行多次调整,综采支架才能装车合格,该操作费时费力,影响装车效率。对此研制了矿用综采支架装车调整装置,如图1所示。

图1 矿用综采支架装车调整装置

2. 装置结构

该装置分为三部分,一是底座,采用钢板与工字钢加工。二是液压调整机构,包含骨架、液压管路及操作法组、4根液压油缸。三是与液压调整机构平行的轨道,焊接在底座钢板上。

3. 技术原理

该装置布置在拆除工作面出口轨道末端与爬车器之间，装置上的轨道与现场轨道末端连接在一起。将平板车推至矿用综采支架装车调整装置的短轨道上，利用回柱绞车将综采支架拉至平板车上，然后操作矿用综采支架装车调整装置上方的阀组来控制液压油缸的伸缩，快速调整平板车上综采支架的装车情况。

4. 创新点与实施效果

矿用综采支架装车调整装置结构简单，操作方便，大大减轻了职工的劳动强度。现场职工操作时不用直接接触综采支架车，只要在安全位置远控操作即可，提高了现场施工的安全性，保障了工作面拆除期间的施工安全。

5. 经济效益预测

利用矿用综采支架装车调整装置比人工调整装支架车效率提升 2 倍以上，更为关键的是采取远控操作，能够有效避免机械伤害事故的发生。

锯齿风炮套筒

1. 技术研发背景

目前,刮板运输机上下刮板连接螺栓孔多为圆状凹形槽,刮板在拉煤过程中槽内易被煤泥塞堵,而且有些堵塞的比较实在,影响螺栓紧固和拆卸刮板。

2. 设计方案

将原用 ϕ36 mm 套筒边缘设计成锯齿状,锯齿状一端先清理淤泥后卸螺栓,另一端连接风炮为动力源。锯齿风炮套筒转动时不带动螺帽,利用锯齿的转动动能把螺丝槽内淤炭清除,然后再拆卸刮板螺栓,如图1所示。

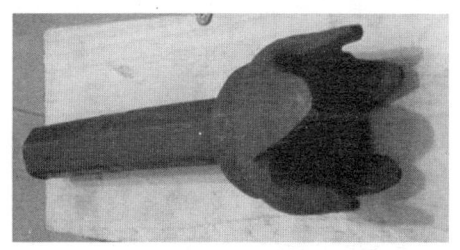

图1 锯齿风炮套筒

3. 创新点与实施效果

经现场操作,该工具适应性强,安全可靠,操作简便。锯齿风炮套筒清理积碳比人工清理减少一半以上时间,平均每清一个仅耗时 1 min 左右,提高了工作效率。

4. 经济效益预测

采用螺丝刀或焊制的尖型工具手工清除刮板螺丝槽内的积炭,清除一个刮板,大约需要 5 min 时间。而使用锯齿风炮套筒,平均每清一个仅耗时 1 min,而且安全可靠,安全经济效益明显。

转载机老虎口刀式防堵装置

1. 技术研发背景

采煤工作面生产时,割煤过程中煤壁片帮,往往折下较多的大炭块,当大炭块运输到转载机老虎口时,贴近溜槽挡煤板的炭块运行速度变慢,容易堵塞老虎口。此时需要工作面停止生产、转载机停机,再由人工破碎大炭块,影响工作面生产效率。

2. 技术原理

从采煤工作面出来的炭块路经转载机老虎口时,部分大炭块贴近转载机溜槽边运行,在老虎口容易被卡住。在转载机老虎口溜槽挡煤板上方安装防堵装置(图1),能够将行进的大炭块挤向溜槽中间,起到防卡堵作用。

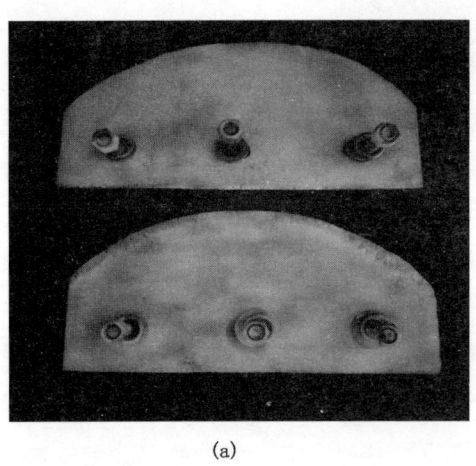 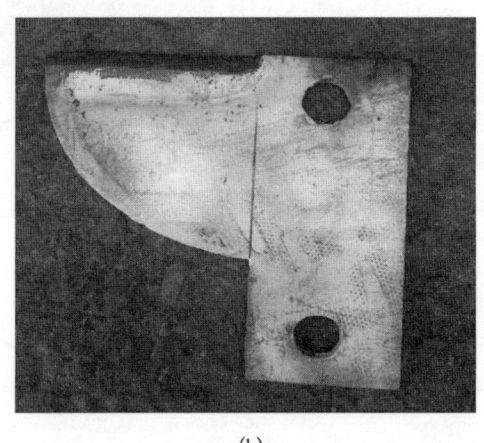

(a)　　　　　　　　　　　　(b)

图 1　转载机老虎口刀式防堵装置

3. 创新点与实施效果

一是装置结构简单,投入材料和加工费用低,容易加工,安装使用方便。二是降低转载机老虎口堵塞的频率,提高工作面回采效率。

4. 经济效益预测

装置安装使用近一年时间,每天缩短工作面生产过程中的影响时间不少于 30 min,每天可多生产原煤 500 多 t,全年按 300 d 生产时间计算,可多回收原煤 150000 t 以上。以原煤生产的净利润为 80 元/t 计算,全年可创效 1200 万元。

采空区疏放水防堵装置

1. 技术研发背景

采空区疏放水工程中,经常出现因应力原因造成钻孔堵塞现象,而且堵塞频率大,人工或者钻机透孔投入用工多,效率低,而且有安全风险。

(a)

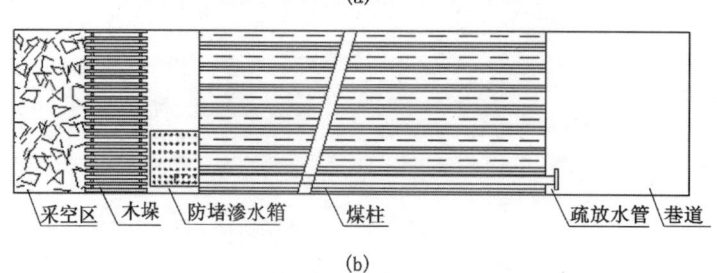

(b)

图 1 采空区疏放水防堵装置

2. 装置研制

疏放采空区积水,多采取在煤柱预先打钻孔、安装套管的办法进行疏放。当放水孔撇进采空区后,尽管有木垛掩护,放水管口仍然被矸石、泥浆、杂物等堵塞,只能采取措施进行透孔,导致放水效率降低。研制的防堵渗水箱外形尺寸1 m见方,其骨架采用11号工字钢焊接,六面均为厚度10 mm的钢板,其中上下面为实体钢板。图1中前后及左侧面均匀布置直径为10 mm的渗水孔。右侧面靠近底部开孔,其直径满足放水管能够自如插入即可。箱体聚水空间大,全封闭能够阻挡附近矸石、杂物进入箱体堵塞放水管,起到防堵作用。

3. 创新点与实施效果

一是装置简单,不需要维护,便于加工安装。二是渗水效果好,不易损坏,适宜老空区等特殊的空间环境。三是基本不用透孔,减少用工,工效高。

淤泥转运装置

1. 技术研发背景

目前,煤矿综采工作面运输巷中部布置多个水仓,水仓淤泥清理全部是人工清理,挖出淤泥再接力倒到巷道对帮带式输送机上,清理工作量大、占用人员多。

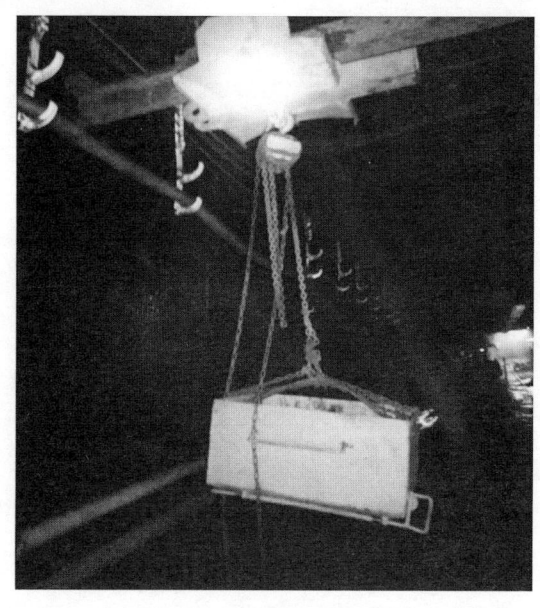

图 1　淤泥转运装置

2. 技术原理

采煤工作面运输巷设置的水仓沉淀池,采用人工清淤,再人工将淤泥转到带式输送机上,每班至少用工 2 人,而且施工效率低。研制的淤泥转运装置(图 1)包括单轨吊跑道和一个吊挂在跑道上的底卸式转运箱子,人工将淤泥装到箱子内,将箱子推到带式输送机正上方,通过搬动底卸式机构,箱子内的淤泥会自动漏到输送带上。

3. 创新点与实施效果

一是对水仓淤泥清理运输基本实现机械化,减轻作业人员的劳动强度。二是一人能在同等时间内独立完成清淤工作,减少了劳动用工,提高了施工效率。

轻型单体挪移车

1. 技术研发背景

目前,井下采煤工作面超前支护区域至料场间,短程的单体挪移一般采用人工抬的办法。单体从底板到肩膀的起落过程中容易对人员造成挤手碰脚等伤害。而且单体重量一般在 75 kg 以上,特别消耗人员的体力。对此,研发了机械运送单体的装备,即轻型单体挪移车,如图 1 所示。

图 1　轻型单体挪移车

2. 技术原理

轻型单体挪移车采用槽钢加工,下部配两个直棍子,以便于适应较复杂的底板环境,整体空车的重量控制在 30 kg 左右。挪移单体如图 2 所示。

3. 创新点与实施效果

一是车辆小型化,轻便好用。二是车辆与运送单体整体重量小,便于人工牵引挪移。三是与人工肩扛运输单体相比,安全性高。

4. 经济效益预测

利用小型车辆运送较为沉重的单体,可有效减轻对人员体能的损耗。由于车辆运送,重物距离巷道底板比较近,对运送人员机械伤害明显降低。

图 2 挪移单体

采煤机离合轴定位装置

1. 技术研发背景

综采工作面采煤机使用过程中,由于电缆槽与采煤机离合定位装置间距离小,导致离合轴经常受挤压而变形损坏,多次更换不仅浪费设备投入,还严重影响生产。对离合轴定位装置重新设计优化,可有效解决了这一问题,取得了显著的经济效益。

2. 技术原理

将原离合轴定位装置整体拆除,重新设计加工定位装置。改进后的离合轴定位装置由护板、定位销、手把及加长丝杆等部分组成,装置整体体积比原采煤机离合轴定位装置大幅减小,操作简便,离合轴分离、闭合后定位销及定位丝杆的使用有效降低了误操作的可能性,具体如图1所示。

(a) 改进前　　　　　　　　　　　　(b) 改进后

图1　采煤机离合轴定位装置

3. 创新点与实施效果

(1)煤机离合轴定位装置优化改进后体积大幅减小,有效解决了原离合轴经常因挤压、剐蹭导致损坏的现象。

(2)离合轴分离、闭合后定位销及定位丝杆的使用有效降低了误操作的可能性,取得了显著的经济效益及安全效益。

4. 经济效益预测

改进后,离合轴与采煤机跑道上的电缆槽安全间隙大,不再被机械损伤,每年节约设备备件的投入在 2.5 万元左右。

气压式抽油装置

1. 技术研发背景

目前井下在用的油抽子人工打油的方式速度慢、效率低,为有效解决这一问题,研制了气压式抽油装置(图1),大大提高了抽油的效率。

图 1　气压式抽油装置

2. 技术原理

利用井下压风系统通过 $\phi 12$ mm 气管连接 6 分截止阀,由 6 分截止阀上的铁管改装后,安装在油桶上面一侧小直径口上。将改装好的 6 分高压软管一头插入铁油桶内,保证各个接口密封良好。打开截止阀,风压输入油桶内,将油通过 6 分高压软管向外溢出,让铁桶内的油自动流到移动油桶内。

3. 创新点与实施效果

引入压风系统抽油,改变传统人工使用油抽子抽油的落后办法,节省人力,提高功效。

4. 经济效益预测

（1）利用风压作为动力，实现了抽油过程的自动化。

（2）高压软管的使用保证了抽油过程的安全可靠，密封效果好，杜绝了浪费。

综采工作面出口电缆拖移装置

1. 技术研发背景

目前,煤矿各综采工作面正常推进作业时,工作面出口电缆一般按逐段放入电缆车的办法管理,靠近出口处的电缆临时吊挂,人工劳动强度大,影响综采工作面高产高效生产。为此研制了综采工作面出口电缆拖移装置,如图1所示。

图1 综采工作面出口电缆拖移装置

2. 技术原理

选用槽钢做骨架,一端焊接一件与竖立单体耦合的抱箍,该抱箍采用厚度为6 mm的钢板加工,内径0.11 m。装置骨架采用槽钢加工,整体长度0.5 m。选择长约0.4 m的托辊装在骨架上,并用螺栓固定。

使用时,将骨架抱在超前支护单体的下端,距离底板0.5 m为宜。再将工作面出来的电缆放在装置托辊上,每隔2 m安装一套装置,电缆全部搭在上面。工作面正常推进过程中,利用远端回柱绞车配合牵引,能够高效率完成电缆拖移。

3. 创新点与实施效果

(1)电缆拖移采用机械装置承托,利用绞车牵引实现挪移,改变以往人工拉移的办法,可有力配合工作面实现高产高效。

(2)工作面出口电缆管理整洁,不再临时吊挂,也不需要专用构件吊挂,符合标准化管理要求。

4. 经济效益预测

采用机械化操作完成沉重的电缆束的挪移,效率高,省时省工,与综采工作面高产高效生产耦合,经济效益十分明显。

支架销子保护装置

1. 技术研发背景

综采支架与溜槽间的连接销子承受径向剪切力大,支架拉移过程中频繁受力容易造成销子断裂、弹崩伤人,为有效解决这个问题,设计了支架销子保护装置,如图 1 所示。

图 1　支架销子保护装置

2. 技术原理

支架销子保护装置由废旧输送带加工而成,并在电缆槽上安装固定底座,将输送带固定在推拉框架及电缆槽间,整体覆盖保护支架站销、横销,可防止销子突然弹崩对人体的伤害。且该装置改进后便于检修人员观察支架销子的完好状况。

3. 创新点与实施效果

采用废旧输送带作为防护装置,防止推拉千斤顶的销子突然弹崩对人体的伤害。

4. 经济效益预测

(1) 装置简单,安装方便。

(2) 采用废旧输送带割制而成,制作成本低。

(3) 保护效果好,使用支架销子保护装置后,可有效减少工作面支架销子断裂造成的弹崩伤人事故,提高了回采的安全性。

损坏螺栓拆除工具

1. 技术研发背景

由于采煤工作面现场湿度及温度较大,导致设备部分螺栓出现受潮上锈,拆除螺栓时经常出现螺栓连轴转现象,影响设备检修更换效率。研制的这项工具(图1)能够有效缩短拆除螺栓时间,提高检修效率,同时减轻职工劳动强度。

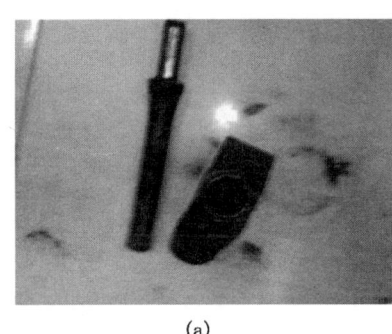 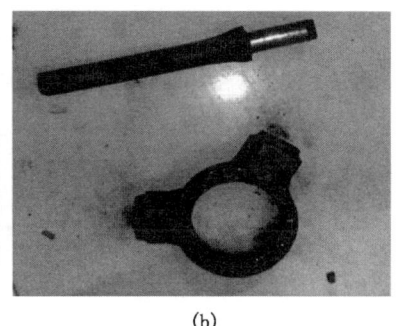

(a) (b)

图 1 损坏螺栓拆除工具

2. 技术原理

将一个大螺栓螺母相邻的两个边处开孔,并在两个孔处各焊接一个适当的螺母,同时加工一个撬棍(撬棍能够从焊接的螺母内伸入)。拆除连轴转螺栓时,将大螺母套在螺栓螺母上,并将撬棍伸入抵住连轴转的螺母,然后使用风镐从另外一个螺母内将该连轴转螺栓打断,能够大幅度减轻职工劳动强度,并缩短了劳动时间。

3. 创新点与实施效果

巧妙地利用装置结构之间的关联,锁定连轴转的螺栓,以便于快速切割掉。

4. 经济效益预测

利用该工具,能够缩短拆除损坏螺栓的时间,提高检修效率,同时减轻职工的劳动强度。

同步移架防滑防倒装置

1. 技术研发背景

由于采煤工作面为走向长臂工作面,部分工作面倾角大,支架在倾斜面上移架,降架后支架与顶板没有接触,移架过程中下端头支架尾梁部受重力影响不可避免的产生下滑现象。

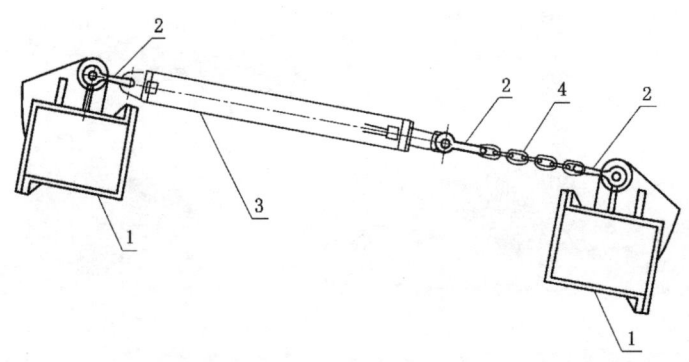

(a) 设计图

(b) 实践应用图

1—千斤顶固定座;2—卸扣;3—液压千斤顶;4—锚链
图1 端头支架同步移架防滑防倒装置

2. 技术原理

设计如图1所示的同步移架防滑防倒装置,在工作面安装以后,可以在支架移架过程中实现同步防滑防倒的功能,杜绝了工人采用单体打支杆防倒的工艺,减少了体力劳动,降低了安全风险,可为生产现场创造本质安全环境,实现了"以人为本"安全管理理念。

3. 创新点与实施效果

采用同步移架防滑防倒装置,在一个支架推移过程中,其相邻支架不动,可对其形成依托,确保不向下方滑动。移架防止支架滑倒所需的操作人员由原来的 4 人减少到 2 人,实现节约工资成本 28.8 万元/年。

电缆槽螺栓快速拆除新工艺

1. 技术研发背景

目前,综采工作面刮板运输机电缆槽拆除时,因现场空间局限,拆除困难。为降低人员施工难度,加快现场安全拆除施工速度,创新加工了风动退锚器连接器。使用风动退锚器拆除电缆槽螺栓,达到了快速安全拆除的效果。

2. 技术原理

使用风动退锚器拆除电缆槽螺栓,采用六棱钢及套管加工研制了连接器,使原来只能拆卸锚杆螺母的退锚器可以拆除电缆槽螺栓,减少了人工拆卸难度,起到了快速拆除的效果,如图1所示。

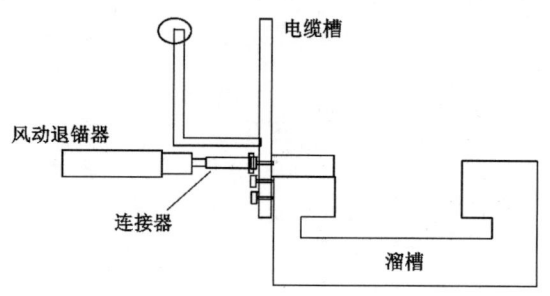

图1 电缆槽螺栓快速拆除新原理

3. 创新点与实施效果

该施工方法是采取机械拆除隐蔽点连接螺栓,改变传统的手工劳动的新工艺,速度快,省时省力。

4. 经济效益预测

工作面刮板运输机电缆跑道固定螺栓采用套筒人工拆除的办法,一般每拆除一只螺栓需要5～10 min时间,费时费力。采用这种新工艺后,每拆除一只螺栓只需要10～20 s时间,加速了工作面拆除速度,提高了施工效率。

可升降式风镐在挑顶施工中的应用

1. 技术研发背景

工作面安装、拆除前的准备工作中,往往需要对局部巷道高度不够的地段进行挑顶施工。结合现场实际情况,为降低施工难度,减轻职工的劳动强度,提高安全系数,研制了可升降式风镐(图1),在挑顶施工中起到了较好的使用效果。

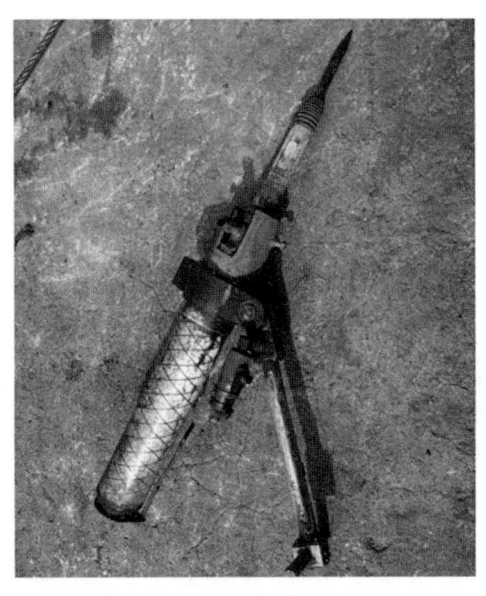

图1 可升降式风镐

2. 技术原理

选一台锚杆机,将机头部分拆除作为基础部件,另选一部风镐作配合,加工一个连接套将两部分连接起来,即构成简易挑顶装置。

3. 创新点与实施效果

可升降式风镐在挑顶施工中,施工人员调整升降腿后,可直接将风镐升至顶板进行挑顶,减少了人工抬移、蹬踩人字梯挑顶的步骤。施工期间人员利用操作机构进行控制,远离了挑顶施工中顶板直落碎矸石的范围,保证了施工期间的安全。

4. 经济效益预测

采用可升降式风镐进行巷道挑顶施工,人员不必在被挑顶板正下方操作,能确保人员安全。同时,不用人力操作工具,省时省力。

液压支架管路拆除专用狼牙钳

1. 技术研发背景

工作面液压支架阀组管路接口位于立柱中间较为隐蔽的位置,管路损坏后需要拆除更换时,操作人员不便下手,更换难度大。

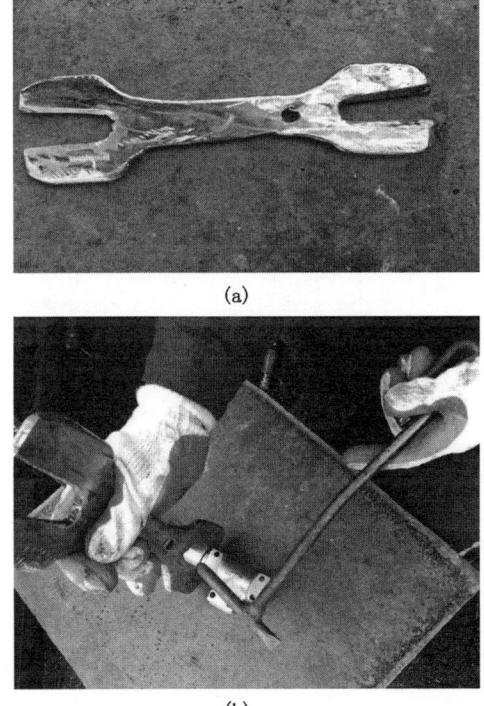

图 1 液压支架管路拆除专用狼牙钳

2. 技术原理

液压支架阀组管路主要有 $\phi 10$ mm、$\phi 13$ mm 及 $\phi 19$ mm 的高压管子。管路损坏后,人工拆除更换管子比较费时费力。研制加工的狼牙钳(图 1)钳口为楔形口,并打磨出刀口,为保证其强度,刀尖厚 3~4 mm,与液压管子的管嘴外径匹配。拆除时,用钳子刀口楔入卡住管嘴,再用小锤敲击,即可轻松拔掉管子。

3. 创新点与实施效果

一是根据支架阀组管口的现场特殊位置,制作相匹配的拔管子专用工具,便于检修人员操作。二是该工具对管口的损坏小。三是拆除难度低,用时少,可提高设备维护的效率。

工作面隅角斜撑式隐形液压支架

1. 技术研发背景

由于工作面倾角的不断变化,工作面倾向长度随之改变。因此工作面上下隅角支架距离巷帮的距离不断调整,一般在 0.7~2 m 范围变化。根据工作面回采作业规程的要求,工作面上下端头支架距离巷帮的距离超过 0.5 m 时,要采区单体支柱等方式加强支护。

(a) 项目实施前支护效果图　　　　　(b) 项目实施后支护效果图

图 1　工作面上隅角斜撑式隐形液压支架

2. 技术原理

煤层倾角小幅度变化可导致回采过程中上隅角空顶面积无规律的变化,需要采取不断变化的护顶措施。

斜撑式隐形液压支架(图 1)用于取代上隅角传统的单体支护工艺,且实现了与支架同步挪移,操作人员只需控制液压阀把,便可实现上隅角顶板的支护作业,大幅度减少了现场工人的劳动强度,对顶板支护更及时,工作效率明显提高。

3. 创新点与实施效果

隅角空顶区变化范围为 700～2000 mm,日常生产过程中完全可以适应上隅角控顶面积不规则的动态变化情况,不需人工挪移单体、挖底等笨重的体力付出,每年创效 87.1 万元。

本质安全型虹吸排水装置

1. 技术研发背景

矿井采掘巷道较长,一般在 3000~4000 m,巷道中部有多处起伏。因洒水降尘等原因,巷道局部地点常常积存少量底板积水,影响巷道质量标准化建设。如采取多点布置电泵排水,系统复杂,投入装备较多。

2. 技术原理

利用矿井布设防尘水管,以防尘水作为排水动力源,利用重力及流体在封闭管道中的流动形成虹吸原理,设计了虹吸排水装置(图1和图2)。

3. 创新点与实施效果

实现了井下小型积水点无电器设备排水,安全可靠,从而大幅降低井下用电的安全风险,为排水作业创造了一个本质安全的作业环境,每年创效 64.2 万元。

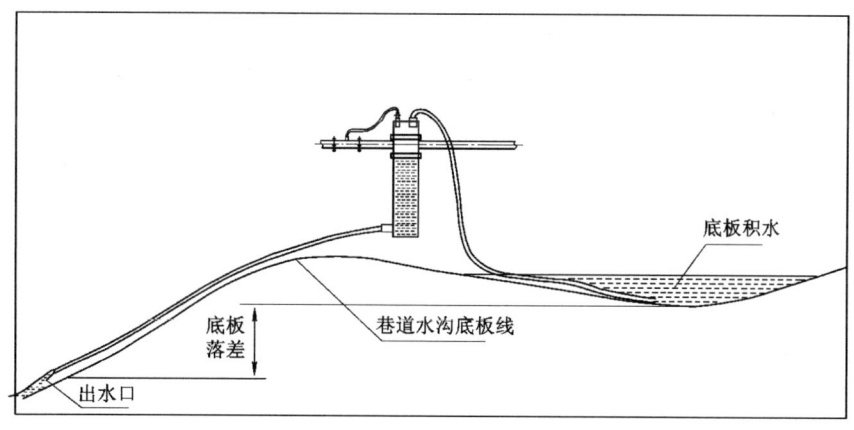

图 1 本质安全型虹吸排水装置示意图

(a) 实物图　　　　　　　　(b) 应用效果图

图 2　本质安全型虹吸排水装置

转载机液压控制行人过桥

1. 技术研发背景

综放工作面由于转载机机身单边槽及机尾部全部横跨整个运输巷安全出口,工作面下出口无安全出口,人员无法正常通行,形成安全隐患。

2. 技术原理

液压控制行人过桥的设计时结合转载机单边槽的挡煤板高度、强度和用途等特点,通过技术改造和加工,将转载机单边槽改造成过桥行人踏板,再在转载机单边槽外侧安装千斤顶,通过千斤顶的伸缩运动,实现行人踏板平放和站立,从而实现了踏板平放过人,踏板站立作为转载机挡板的功能互换。具体如图1所示。

图1 液压控制行人过桥

3. 创新点与实施效果

液压控制行人过桥终结了综放工作面下出口无安全出口人行通道的历史。其创新点一是装置直接取自工作面的液压系统,不需要单独建立系统。二是过桥的踏板既可以放平后行人,也可以站立后作为转载机的挡煤板使用,具有多重用途。该过桥有效解决了综放工作面正常生产、检修期间无法从工作面下出口过人的问题,年实现创效约 3.4 万元。

自移悬臂式组合行人过桥

1. 技术研发背景

综放工作面由于转载机机身单边槽及机尾部全部横跨整个运输巷出口,正常生产过程中,人员过往时必须将工作面运输设备停机闭锁,严重影响工作面生产效率。

2. 技术原理

自移悬臂式组合行人过桥安装在工作面下出口端头支架立柱和顶梁上(图1),过桥的安装点与转载机没有任何联系,且桥身与转载机溜槽空间煤流通畅,故行人时无须停机闭锁,减少了工作面设备开停次数,保障了设备开机率,实现了安全高产高效的管理目标。

图1 自移悬臂式组合行人过桥

3. 创新点与实施效果

自移悬臂式组合行人过桥的应用,终结了综放工作面下出口无安全出口人行通道的历史。该装置固定在工作面下端头支架上,随支架一起向前移动,不需要专门安装动力机构,省时省力。该行人过桥有效解决了综放工作面正常生产、检修期间无法从工作面下出口过人的问题,年实现创效约3.2万元。

转载机机尾掩护支架

1. 技术研发背景

综放工作面转载机机尾延伸至下出口切顶线采空区侧以里区域,转载机机尾日常检修、维护时人员只有靠近切顶线外侧采空区才能进行设备维护,对工作人员的人身安全造成严重的威胁。

2. 技术原理

在转载机机尾端头架与巷道支架之间布置一架掩护支架,切顶位置与端头架一致,使得整个转载机机尾顶部及采空区侧得到防护,采空区侧冒落滚落的矸石被挡在掩护支架后方,消除了采空区侧对转载机机尾维护设备人员的安全风险,具体如图1所示。

图1 转载机机尾掩护支架实物图

3. 创新点与实施效果

转载机机尾掩护支架的使用,为该区域营造了安全可靠的工作空间,保障了人员的作业安全,大幅降低了安全管控难度,结束了综放工作面转载机尾无法支护的历史,为企业类似课题的研究积累了宝贵的实践经验。

带式输送机张紧跑车无极调节饸轮

1. 技术研发背景

采煤工作面大型带式输送机由于储带仓内跑道变形,不能有效固定张紧跑车,造成带式输送机无规律跑偏,加剧输送带接头老化、变形撕裂,日常维护工作量巨大,成本增加。且带式输送机储带能力严重降低,只能 40 m 截一次输送带,造成矿井高强度输送带严重浪费。

2. 技术原理

在带式输送机张紧跑车四个角分别安装一个饸轮,如图 1 所示。饸轮与跑车轨道贴近,在张紧跑车前后运行时,之间形成滚动摩擦,跑车运行平滑,正常情况下跑车不会脱轨,储带距离较长,能够确保带式输送机运行正常。

图 1　带式输送机张紧跑车无极调节饸轮

3. 创新点与实施效果

调节饸轮能有效防止输送带在储带仓内跑偏的现象,使带式输送机储带仓的能力得以充分发挥,一次储带达到 100~120 m,且杜绝了跑车内输送带跑偏的现象,不再出现输送带接头撕裂、边缘磨损情况,减少输送带做接头的频率,降低了输送带维护的劳动强度,提高了生产效率,每年创效 159.2 万元。

液压起吊装置

1. 技术研发背景

为解决 5104 工作面运输巷轨道运输的问题,以及 600 mm 轨道与 900 mm 轨道之间的过渡和衔接,提高换车效率,设计安装了液压起吊装置和相关配套设施,如图 1 所示。

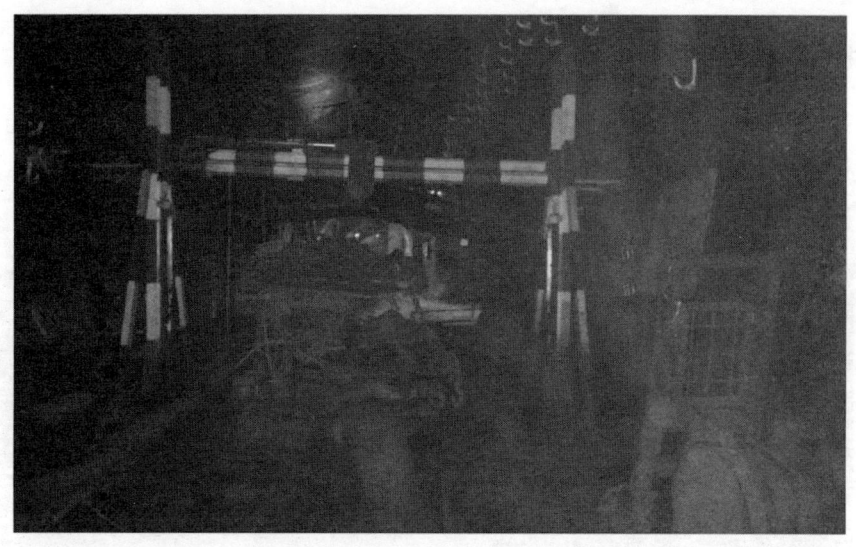

图 1 液压起吊装置

2. 技术原理

整套装置涉及的起吊及挪移均为液压控制,其中物料起吊与下落由两侧竖直液压缸执行;起吊物料向左或向右移动,由横梁上的水平液压缸执行。

3. 创新点与实施效果

液压起吊装置及配套设施可以完全实现井下交换车过程中重物远方精准起吊作业,且起吊过程简单、快捷、安全可靠,较传统手拉葫芦起吊的工艺效率提高 70% 以上,大幅降低了矿井起拉吊运作业的安全管理难度,每年创效 33.8 万元。

防输送带接头撕裂便装刮煤器

1. 技术研发背景

采煤工作面运输巷转载机向带式输送机转载煤炭过程中,煤流中的矸石、炭块、铁料等容易洒落卡在带式输送机自移机尾处,造成撕裂输送带等隐性事故。

2. 创新点与实施效果

为避免采煤工作面带式输送机自移机尾因掉落的矸石和铁器,卡在机尾摇架横梁造成输送带接头撕裂、拉断等问题的发生,现场结合自移机尾摇架的特点,设计了防输送带接头撕裂便装刮煤器(图1)。刮煤器投入使用后,完全杜绝了输送带因机尾卡煤矸造成的接头撕裂现象,减少了每天做输送带接头数和岗位人员投入,实现了每年创效 75.07 万元。

(a)　　　　　　　　(b)

图1　防输送带接头撕裂便装刮煤器

综放工作面防堵自移式老空水输水管道

1. 技术研发背景

综放工作面下隅角采空区侧正常情况下积水较多,因不便于人员靠近,老空水容易流入转载机进入煤流,降低煤质。

图1 综放工作面防堵自移式老空水输水管道

2. 创新点与实施效果

针对综放工作面下隅角采空区水无法人工控制的难题,设计的防堵自移式老空水输水管道(图 1),能有效把老空水输出,杜绝了老空水进入煤流系统影响煤质的情况,且在平常运用过程中可与支架同步拉移,无须人员维护和管理,避免了人员进入采空区疏水的安全风险。

平巷无极绳索车防飘绳装置

1. 技术研发背景

采煤工作面平巷是跟煤层掘进的巷道,一般巷道中部有多个起伏。索车钢丝绳在巷道底板的向斜起伏位置,容易飘起来,局部甚至与巷道顶板摩擦,造成钢丝绳损坏及运输翻车等问题。

图 1 平巷无极绳索车防飘绳装置

2. 创新点与实施效果

针对工作面平巷变坡点区域无极绳绞车钢丝绳飘绳严重,对作业人员和日常运输形成巨大的安全隐患,设计的防飘绳装置(图1)安装使用后,保证了索车正常运行的前提下,将漂浮钢丝绳压到安全位置,消除了安全隐患。

无极绳索车钢丝绳自动加油装置

1. 技术研发背景

采煤工作面两平巷及设计长度较长的掘进巷道均布置了索车,且巷道淋水较多,索车钢丝绳容易受潮锈蚀,影响使用寿命。

2. 创新点与实施效果

利用索车托绳轮的安装位置及运行情况,设计了自动加油装置(图1),有效解决了超长距离钢丝绳加油维护难、钢丝绳断丝频繁的问题,且用于保养钢丝绳的油为井下废弃机油,既延长了钢丝绳的使用寿命,又解决了废油再利用的问题,实现了大幅度降低材料成本投入效果。

图1 无极绳索车钢丝绳自动加油装置

原煤带式输送机机头卸载点无动力扇形箅条筛

1. 技术研发背景

洗运车间原煤带式输送机机头向筛分设备转载,煤流中伴有的杂物很容易在筛分带式输送机机头卡堵,影响洗煤运输的效率。

2. 创新点与实施效果

根据进煤量、煤流及原煤颗粒大小,设计加工了顺煤量方向呈扇形的箅条筛(图1),通过研究和探索煤流的推进特性,确定了箅条筛最合理的安装倾角,实现了无动力自动筛分的效果,解决了原煤入筛前没有经过预筛分而造成的堵、卡、砸等一系列问题,大幅降低了设备的检修频率。同时减少了大块煤转载时二次破碎等环节,大大提高了大块煤的产出率。

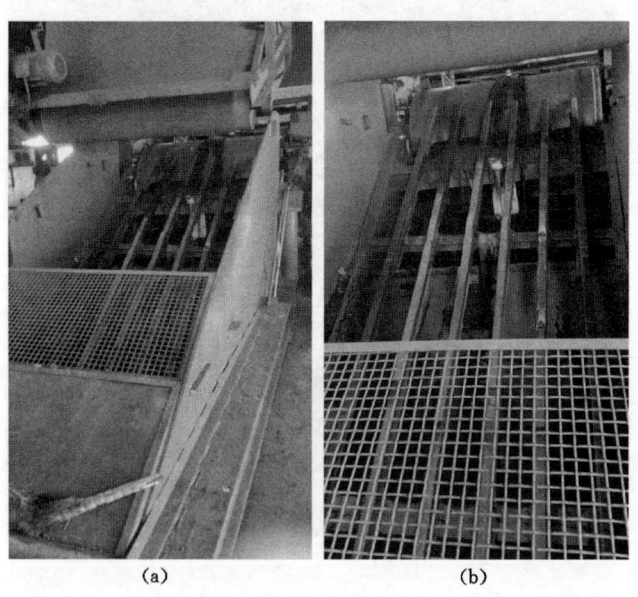

图1 扇形箅条筛

超前支架底调千斤顶高强度轻型双向连接头

1. 技术研发背景

采煤工作面超前支架的底调千斤顶因设计缺陷,适应能力不足,再加上条件复杂的巷道环境,底调千斤顶连接头受力点易折断。

2. 创新点与实施效果

采煤工作面超前支架的底调千斤顶设计适应能力不足,条件复杂的巷道内底调千斤顶连接头受力点易断,底调千斤顶连接头重新设计后(图1),使得千斤顶活动范围由2个方向变成4个方向,面对条件复杂的巷道状况,适应性好,不再出现折断现象,每年可以节省备件费、维护费等8.64万元。

图1 超前支架底调千斤顶高强度轻型双向连接头

机轨合一巷道折叠式输送带过桥

1. 技术研发背景

因井下机轨合一巷道受到空间限制,带式输送机过桥的爬梯距离轨道的安全距离不够,构成轨道运输的安全隐患。

2. 创新点与实施效果

井下机轨合一巷道因空间有限,传统的带式输送机过桥安装以后,造成过桥的爬梯与轨道安全距离不够,给日常轨道运输带来安全隐患。折叠式输送带过桥(图 1)的使用,可以将人行爬梯完全折贴收回,消除了安全距离不够的隐患,有效保障了轨道运输所需的安全距离,且职工使用安全便捷。

图 1 机轨合一巷道折叠式输送带过桥

井下免登高作业手钳

1. 技术研发背景

天山公司井下巷道高度一般在 3.5 m 左右,采煤工作面上下两端头支设单体时,作业人员需要爬高将防倒绳捆绑牢固,且登高作业频繁,工作效率低下。

2. 创新点与实施效果

采用钢管、钢板、拉丝等加工如图 1 所示作业手钳,可以让工人在不登高的前提下,精准操控高空区域的相关设施,降低职工现场登高作业的安全风险。

图 1　井下免登高作业手钳

小通道搬运车

1. 技术研发背景

天山公司采煤工作面泵站列车安装在材料巷内,从开关列车至工作面上出口近 300 m 范围无法实现轨道运输,日常物料只能采取人工扛运的方式。

2. 创新点与实施效果

加工如图1所示小型车辆,且投入使用后,很大程度上降低了现场职工的劳动强度,运输效率较高,安全可靠,体现了公司"以人为本"的管理理念。

图 1　小通道搬运车

综采工作面单体挪移机载滑道

1. 技术研发背景

根据综采工作面回采作业规程的要求,工作面下出口转载机里侧,从工作面煤壁向外 20 m 范围内需要支设一排点柱进行超前支护,单体液压支柱距巷道里帮 0.3~0.5 m,柱距 1 m,单体液压支柱站立成排上线。根据巷道及工作面采高等要求,单体液压支柱全长 4.5 m,工作时最小重量 130 kg、最大重量 146 kg。由于转载机里侧空间较小,从转载机里侧挡板到超前支设的点柱之间一般在 0.6 m 左右。随着工作面正常推进,职工需要在转载机里侧从里向外周期性拆卸、转移单体,再根据要求在这一排单体的最前端依次支设。人工抬运笨重的单体,劳动强度大,而且作业空间狭小,容易出现挤手碰脚等安全问题。

2. 装置结构

该装置分为支撑板 1、支撑板 2 和单体滑道等,如图 1 所示。

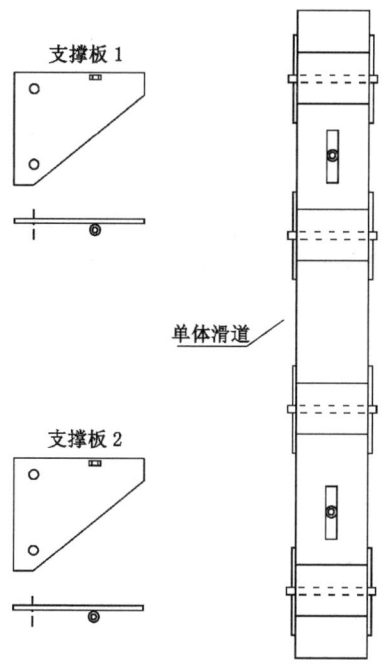

图 1 装置结构

支撑板采用厚度为10 mm的钢板加工,左侧布置两个直径为20 mm的孔,与转载机里侧挡板上的竖直筋板连接。装载机每节挡板安装2块支撑板,间距850 mm。支撑板上部焊接一个直径为24 mm的螺母,分别与单体滑道的2个30 mm×100 mm的孔连接。单体滑道骨架采用18号槽钢加工,每节长度1.5 m(与一节转载机挡板长度相同),上方均匀布置4个相匹配的棍子及2个30 mm×100 mm的孔。整套装置共有14节单体滑道和28块支撑板,14节单体滑道收尾一致,安装高度相同,距离转载机槽底面的高度均为800 mm,形成长约20 m的滑行栈道,与工作面超前20 m支护的一排点柱并列一起,便于点柱逐棵向外搭乘挪移。单体滑道与支撑板组装一起的平面示意图及单体滑道的实物如图2所示。

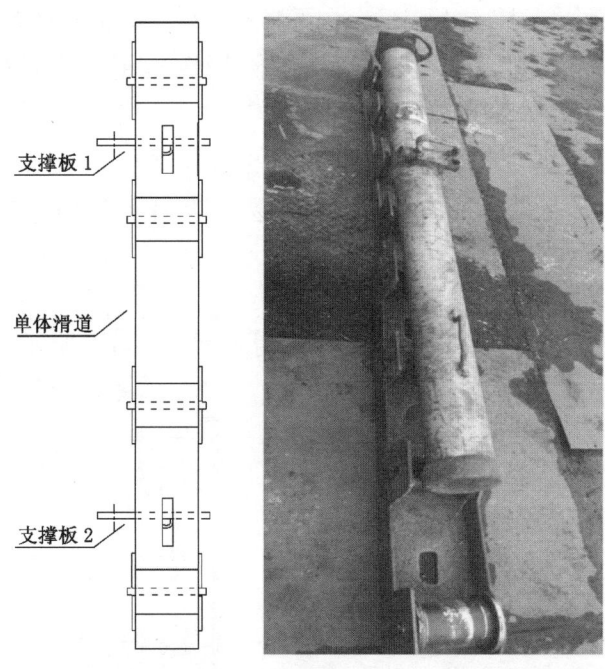

图2 单体滑道与支撑板组装一起的平面示意图及单体滑道的实物

3. 技术原理

单体滑道安装在装载机里侧后不需要拆除和挪移,随转载机一起向外运动,始终与工作面下出口装载机里侧单体拆除挪移工序相耦合。在工作面向外推进前,人工将靠近工作面的单体依次拆卸,然后逐棵倒在单体滑行道上,再人工一棵棵向外牵引到这排支护单体的前端,不需要人工抬运,到位卸下后逐棵支设。装置在巷道空间的平面布置图如图3所示。

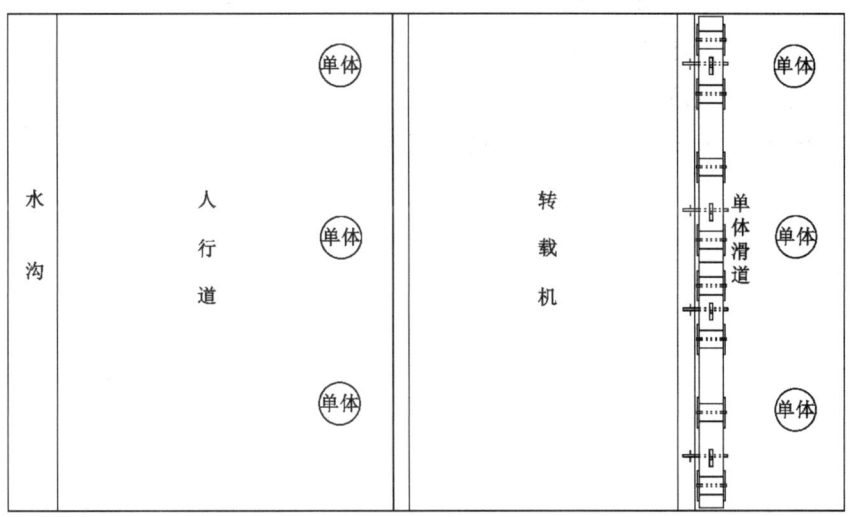

图 3 单体滑道装置在巷道空间的平面布置图

4. 实施效果

单体滑道在井下综采工作面转载机里侧安装实物如图 4 所示,该滑道上面不仅能滑行挪移单体支柱,还能用来滑行铰接梁、钢管等重物。采用滑道挪移重物实施效果如下:

图 4 单体滑道在井下综采工作面转载机里侧安装的实物

(1) 人工推拉滑道上的重物比较轻松,能减轻现场职工抬扛重物的劳动强度,运距较大的重物挪移效果更好。

(2) 人工将单体放倒在滑道的时间较长,操作人员完成这个动作仍然很吃力,不能缩短工序的时间,因此仍有优化改进的空间。

掘进专业

一种局部通风机降噪装置

1. 技术研发背景

局部通风机是矿井主要噪声源之一,其音值常常达到 100～110 dB(A),大大超过了国家规定的噪声允许标准。井下局部通风机的噪声污染一直都是难以解决的问题,多年来,煤矿花费大量的人力物力去研究解决,都是收效甚微。因此需要一种加工便利、效果明显的设备去降低局部通风机的噪声。

2. 局部通风机噪声声源

现在技术中,关于通风机中噪声的产生,除了电动机本身在工作中发出不可避免的噪声之外,当空气流动时,若碰到尖锐的障碍物,极易发生乱流。此乱流与涡流的情况相同,同样会产生噪声,对通风机而言亦会造成效率损失。最易产生噪声的是通风机进出口的位置。从现有的通风机结构可以看到,进出口处是直接吸进空气和释放空气,空气会直接碰到壳体,并改变流动方向,极易发生乱流,引起壳体共振,产生噪声。

3. 局部通风机噪声辐射特性

局部通风机噪声主要由风流旋涡、叶轮旋转和机械振动产生,空气流进旋转的叶轮间时,将在轮叶间产生涡旋,随着轮叶的旋转,涡旋周期性的产生与消失发出涡旋声音,涡旋的频率沿轮叶半径方向逐渐改变。同时,空气进入旋转的通风机时,不仅在叶片前后形成脉动的压力,而且还发生气流打击叶片的现象,发出旋转声音,风流涡旋的声音和旋转的声音一般称为空气动力噪声。通风机机械噪声主要是由通风机转子不平衡、轴承安装不良及壳体毛病等原因引起。空气动力噪声与机械噪声相比,空气动力噪声是主要的。局部通风机发生的噪声不是在所有方向上很均匀地辐射,而是一个半球形的噪声源。

4. 煤矿作业场所噪声限值

煤矿作业场所噪声危害应符合劳动者每天连续接触噪声时间达到或者超过 8 h 的,噪声声级限值为 85 dB(A)。煤矿作业场所噪声不应超过 85 dB(A),大于 85 dB(A)时,需配备个人防护用品;大于或等于 90 dB(A)时,要采取降低噪声措施。

5. 局部通风机噪声超标的原因

（1）通风机长时间运行失修，或检修没有达到标准，尤其是转动部分没有达到动静平衡的要求。

（2）长时间使用，通风机的前后消声器被粉尘填实，降低了吸音的效果。

（3）其他方面如通风机安装的位置、方式及供风条件等。

6. 局部通风机降低噪声的常规方法

（1）提高局部通风机检修质量。主要在装配和动静平衡方面严格要求。

（2）规范安装方式和标准。如制作专用固定架等。

（3）检修或更换消声器。

7. 局部通风机进风口降低噪声装置的技术原理

煤矿掘进工作面供风的局部通风机一般由主要通风机和局部通风机构成，正常情况下，由主要通风机工作向掘进工作面供风，局部通风机备用，而且能够实现双通风机双电源和自动切换。局部通风机噪声输出量最大的部位是进风口和出风口，根据现场大量实际检测的音值数据看，局部通风机进风口噪声数据最大，是解决局部通风机噪声污染的关键部位，因此选择局部通风机进风口作为降低噪声的研究对象。

（1）局部通风机进风口周围噪声音值数据。在局部通风机进风口每隔 1 m 锥形范围内实测噪声音值如图 1 所示。

（2）降噪声工作原理。在局部通风机扇形进风口前方布置水墙（图 2），利用阻隔和能量转化的原理，即利用水墙阻挡局部通风机进风口辐射的声能向外传播，其中一部分声能撞击水墙引发水墙中的水震动，声能转化为水的动能，从而实现噪声减弱。

（3）装置的制作。根据局部通风机进风口 $\phi 800$ mm 的尺寸，定制钢筋骨架，采用阻燃材质制作如图 3 所示的水容器，水容器两侧上边缘均匀布置吊挂孔，间隔 180 mm。

钢筋骨架采用直径 16 mm 的圆钢加工，在下部横梁上均匀焊接直径 6 mm 的圆钢吊挂钩，间隔 180 mm，如图 4 所示。

水容器吊挂孔与固定架上的吊挂钩一一对应，每组吊挂 3 个水容器。然后将组装后的装置吊挂到距离局部通风机进风口前方 0.8m 处，并将每个水容器充满水。装置构成的水墙长×高×厚=1.0 m×1.05 m×0.8 m。局部通风机进

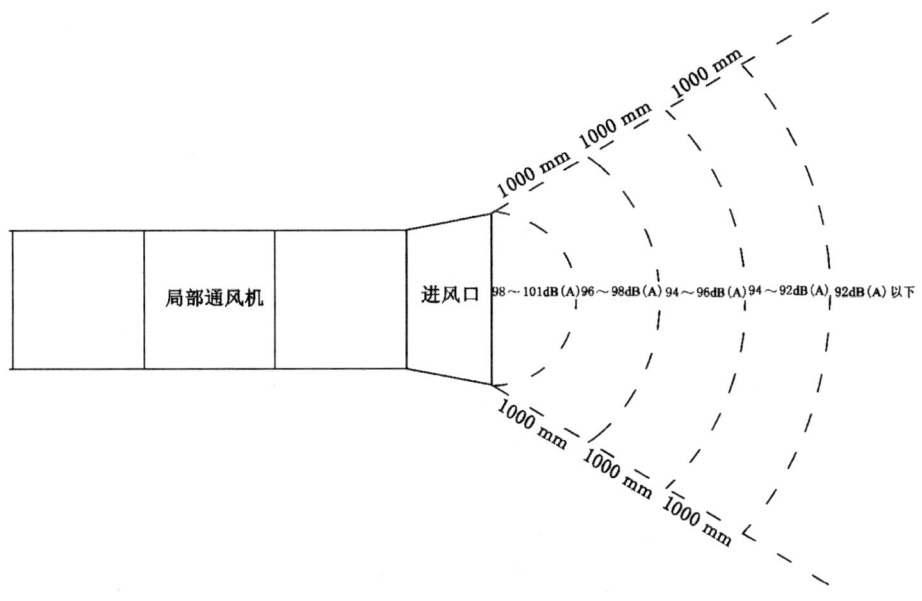

图1　局部通风机进风口每隔1 m锥形范围内实测噪声音值

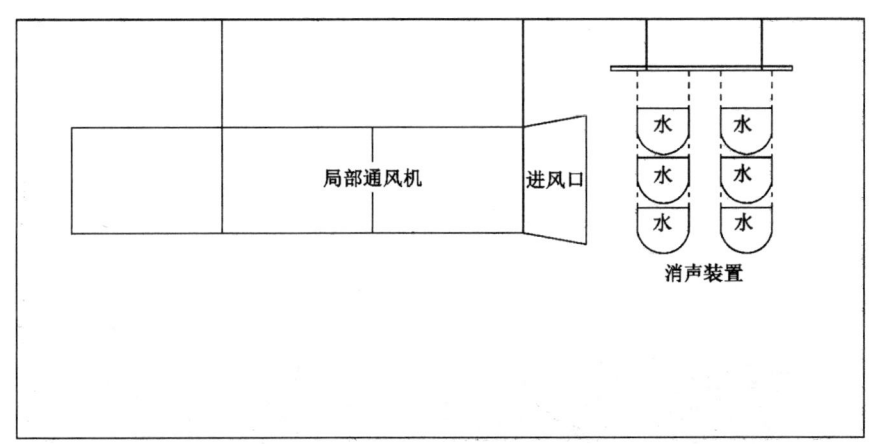

图2　降噪声工作原理

风口降噪声装置的安装实物如图5所示。

8. 噪声消音效果

安装水墙降噪声装置后,测得局部通风机进风口各部位的音值如图6所示。

根据噪声检测数据可知,采取水墙降噪声装置后,在距离局部通风机进风口4 m范围以外的噪声音值不大于85 dB(A),符合煤矿作业场所噪声限值的要求。

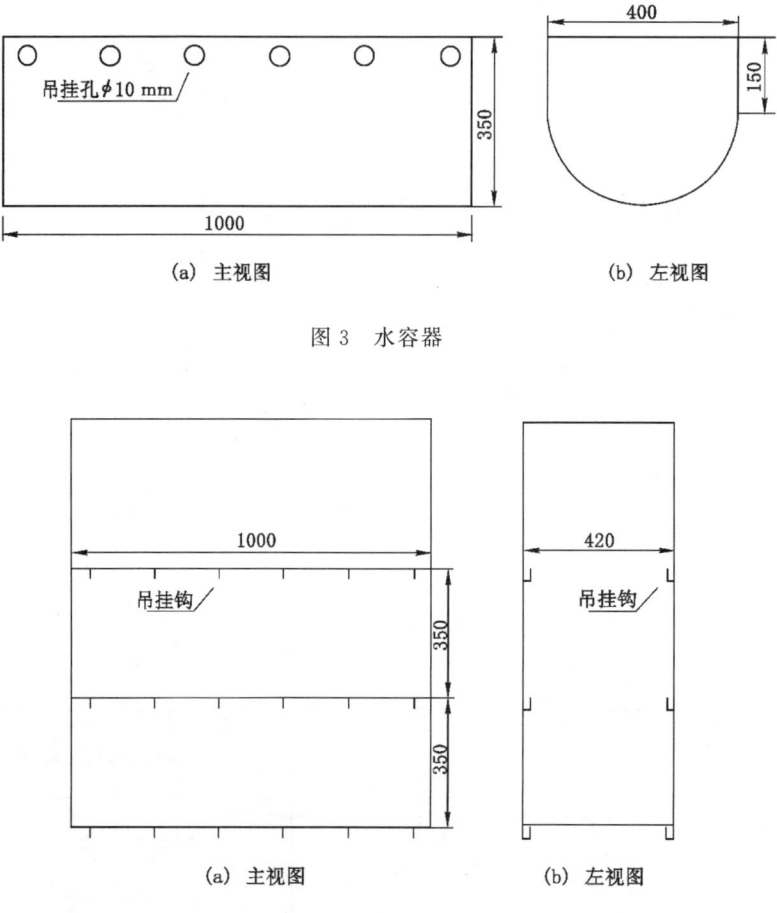

图 3 水容器

图 4 水容器固定架

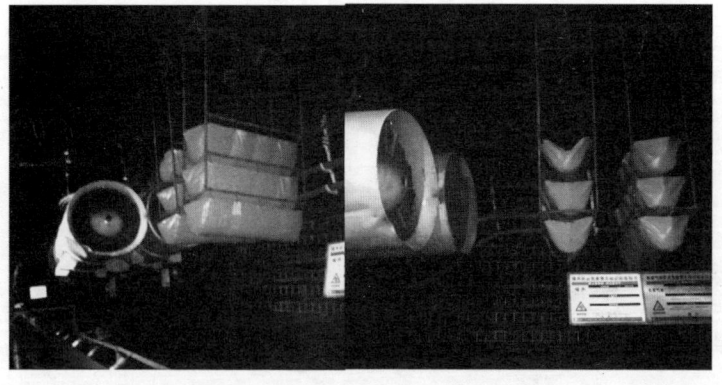

图 5 降噪声装置的安装实物图

在处理局部通风机噪声污染的问题上,采取水墙降噪声的方法,装置加工简单,安装方便,便于就地取材,而且消声效果能够满足现场的需要,且能达到

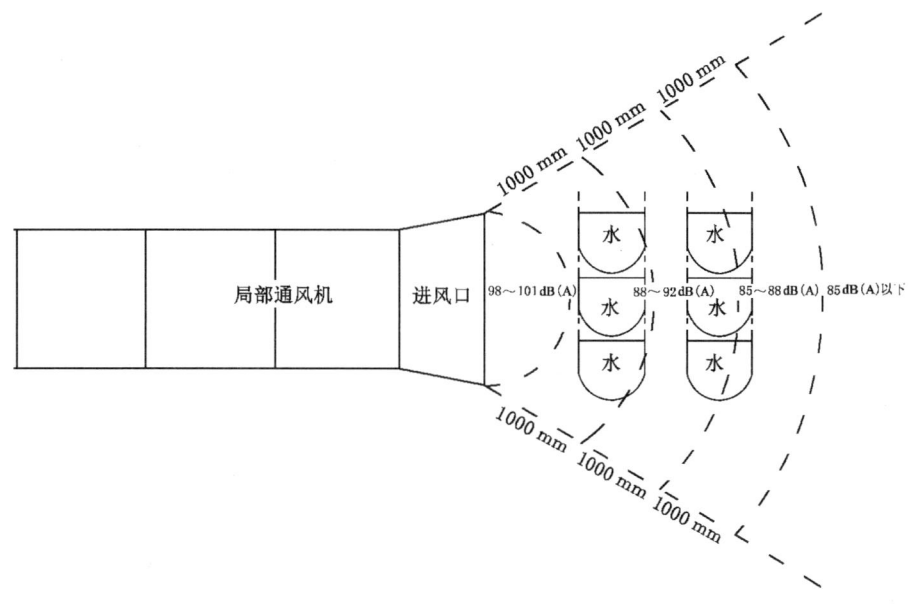

图 6 降噪声装置安装后局部通风机进风口各部位的音值

标准的要求。由于局部通风机主副机组在井下应用过程中,每天要进行一次切换动作,即副通风机也会短时运行,产生噪声。另外,局部通风机前端出风口噪声音值一般也超过 85dB(A),也是需要解决的部位。为此,在不影响局部通风机正常工作的前提下,在其周围布置多组水墙降噪声装置,消声效果会更好。

锚杆(索)拉拔力实验防坠防崩装置

1. 技术研发背景

井下进行锚杆、锚索拉拔力实验过程中,机具有坠落和杆体崩断伤人的风险。以往在做拉拔力实验时,采取铁丝捆扎,这种方法较为烦琐,占用施工时间长,铁丝重复利用率低且安全性不高。为保障锚杆、锚索拉拔力实验过程中的安全,提高操作效率,节约材料成本。根据"三工"排查分析要求,及时补充完善锚杆、锚索拉拔力实验操作工序、工艺和工具,消除安全缺陷及危险因素,特研究制作了防坠防崩装置。

2. 技术原理

(1)在进行锚杆、锚索拉拔力实验时,使用本装置将拉拔力机具与巷帮钢带连为一体,当拉拔实验过程中锚杆、锚索杆体断裂或张拉机具撸丝、划扣时不至于坠落和崩出伤人。

(2)锚杆、锚索拉拔力实验防坠、防崩装置制作时所需材料包括 M30 等强螺母 1 个、M10 螺母 2 个、$\phi 6$ mm 钢筋钩 2 个、6×19-6.2 钢丝绳 500 mm 两根、6 mm 绳卡 4 个。

将 2 个 M10 螺母焊接于 M30 等强螺母两侧;使用 6×19-6.2 钢丝绳 500 mm 分别与两侧 M10 螺母和 $\phi 6$ mm 钢筋钩连接并使用 6 mm 绳卡卡牢,每端使用绳卡 1 个。

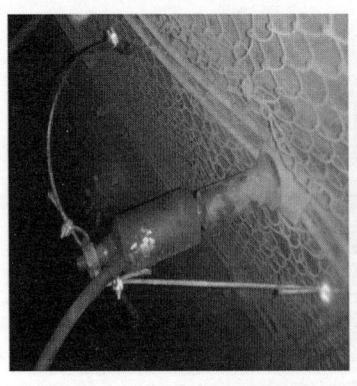

图 1 装置使用示意图

3. 创新点与实施效果

根据锚杆张拉机具的工作特点,设计方便固定的绳索,远距离操控,避免对现场作业人员的伤害。装置使用示意图如图1所示。

4. 经济效益预测

(1)成功解决了井下锚杆、锚索拉拔力实验过程中机具有坠落和杆体崩断伤人的风险问题。

(2)装置设计简单,取材方便,成本较低,可操作性强,能广泛推广。

气腿式风动帮锚机

1. 技术研发背景

为修护巷道帮部支护时采用风动凿岩机震动大易折帮、施工帮锚索和底板锚杆较困难等问题,提高帮锚索和底板锚杆施工质量和效率,特对支护机具进行改革创新。

2. 技术原理

将手持式气动风钻与风锤后座相连,同时固定在一个平面钢板上,将风锤后座压风出口改装,采用胶皮压力管与手持式风钻连接,利用风锤气腿作为支撑腿,通过风锤后座扳手来控制气腿升降及手持式风钻的转速,从而达到对帮部、底板支护。

3. 创新点与实施效果

帮部锚杆支护机具增设风动升降腿,支护施工各工序全部升级为机械化作业,省时省力。该创新项目在井下多个修护头投入使用,均取得了较好效果。

4. 经济效益预测

(1)解决了巷道帮部锚索支护及底板锚杆、锚索支护问题,特别是巷帮松软煤体采用风钻帮锚机效果更明显。

(2)使用改进的机具大幅度减轻了操作人员的劳动强度,提高了生产效率。

机械自动注油器

1. 技术研发背景

井下现场一些机械设备轴承部位隐蔽,采用加油枪加润滑油困难,为提高机械加油效率,研制加工了机械自动注油器。

2. 技术原理

机械自动注油器是利用废旧风动凿岩机短气腿改造加工而成,先把储油仓旋转盖打开,将黄油挤入油仓内,然后将油仓旋转盖旋转盖紧,将水管插入水管接口用U型销销好,将出油仓出油管口放入机械需要加油处,慢慢开动水管接口开关手把,利用水压将伸缩缸体压入缸内,将黄油推出,注入机械加油处,如图1所示。

图 1 机械

3. 创新点与实施效果

将人工注油枪改为水压注油枪,操作简单,省工省时。

4. 经济效益预测

(1) 使用研制的新油枪,可以将加润滑油效率调高3倍,可提高机械润滑效果,减少机械磨损,提高机械寿命。

(2) 该方案大大减轻了职工的劳动强度,提高了生产效率。

岩巷掘进工作面防炮崩挡矸帘

1. 技术研发背景

岩巷掘进工作面爆破施工时装药量重,爆破时崩坏设备、电缆、风筒等事件经常发生,为做好防炮崩工作,特进行了该课题项目。

2. 技术原理

使用的挡矸帘是矿上回收的废旧 40 t 链条,长度 1.2~1.6 m。吊挂装置采用扁铁弯制半圆拱形,并割出三个间隔 900 mm 的长孔,以便于与顶板锚杆快速安装。在拱形扁铁周边下缘间隔 100 mm 焊接吊环,以便于快速吊挂链条。经现场多次试验,发现吊挂的链条下端如紧贴底板矸石,虽能起到防止炮崩设备、电缆、风筒的作用,但爆破对装置上的吊环破坏较大。对此选用长度 1.0~1.3 m 的链条,确保链条下端距离底板矸石 200~300 mm。装置示意图如图 1 所示。

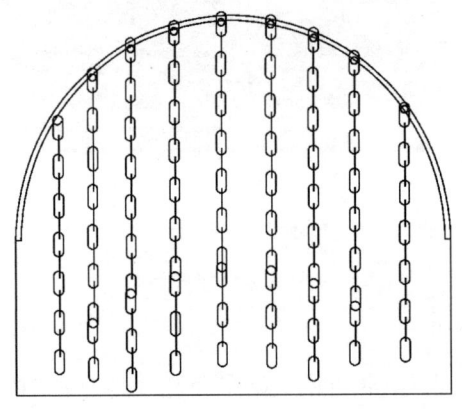

图 1 装置示意图

3. 创新点与实施效果

悬挂的链条能够吸收高速飞行的矸石的能量,并将其挡下,而且链条本身强度大,防炮崩效果好。

4. 经济效益预测

经现场多次爆破测试,该挡矸帘不仅起到防止炮崩设备、电缆、风筒的作用,而且增加了装置本身的使用周期。

捕 尘 箱

1. 技术研发背景

掘进巷道每施工一段时间就需要延接压风管路。压风管路延接好后,为了去除新延管子内部的铁锈及灰尘,需要打开压风将管子吹净,这一过程造成巷道内灰尘飞扬,研制压风管路捕尘箱。

2. 技术原理

迎头压风管路延接后,用压风软管将压风管与捕尘箱连接,在吹压风管内粉尘的同时,开启箱内喷雾装置,通过箱内防尘水雾将压风管路内的积尘除去,如图1所示。

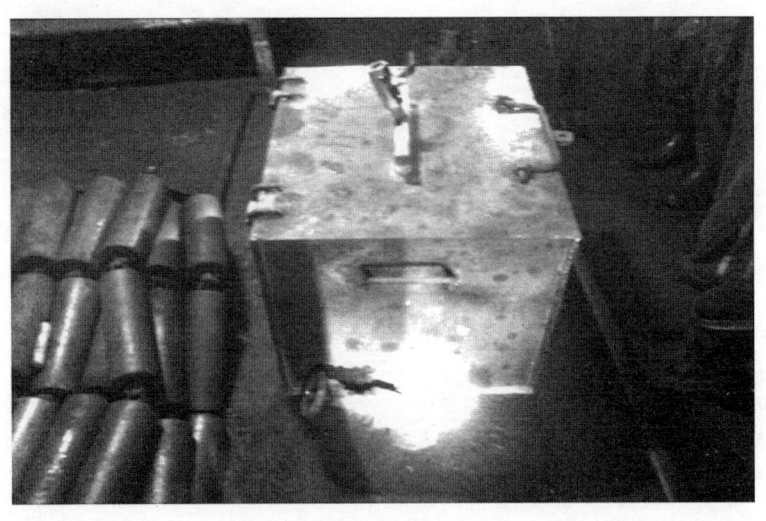

图 1　捕尘箱

3. 创新点与实施效果

该项目是利用封闭空间将风尘消除掉,避免大量粉尘扬起破坏作业环境,影响人员健康。

4. 经济效益预测

通过研制并使用该装置,掘进巷道延接压风管子时巷道内积尘飞扬的情况得到控制,现场作业环境得到了改善,减轻了粉尘对现场作业人员的职业危害。

麻花钻杆退钻器

1. 技术研发背景

目前,煤矿井下煤粉检测机具采用 ZQS-50/1.5S 型气动手持式钻机,配直径为 42 mm、长度为 1000 mm 的麻花钻杆和直径为 42 mm 的钻头。在现场检测过程中,受动压影响,出现"抱死"埋钻现象,不能进退。钻杆、钻头退不出来,造成材料浪费。

2. 技术原理

通过现场摸索实验,加工专用的"Z"型麻花钻杆退钻器,将其套在麻花钻杆上,人工逆时针晃动退钻,钻杆退出约 200 mm 后,再采用钻机辅助退钻,多数卡住的钻杆及钻头能退出。如图 1 所示。

图 1　麻花钻杆退钻器

3. 创新点与实施效果

利用矩功原理,加工手摇工具辅助退埋住的钻杆,节约费用。

4. 经济效益预测

(1) 采用麻花钻杆退钻器退钻,避免了使用钻机强制退钻出现反转伤人事故,该部件比较轻便,适合人工操作,可以有效避免挤手碰脚的事情发生,增强现场操作的安全性。

（2）直径为 42 mm、长度为 1000 mm 的麻花钻杆成本为 45 元/根,直径为 42 mm 的钻头成本为 20 元/个,以每次退出 6 根钎子计算,可以节约成本 290 元/次。

全方位底板地质钻孔轻型机架

1. 技术研发背景

目前,煤巷掘进过程中遇到小断层时,为正确指导区队施工,一般采用锚杆机施工探测钻孔,确定断层落差和其他断层参数。断层的对侧向下断时,需要多人手持锚杆机施工底板钻孔,高速运转的设备易造成人员伤害,施工效率低。

2. 技术原理

针对上述问题,研制一种全方位底板地质钻孔轻型机架。该机架采用1寸钢管加工,形似人字梯(图1)。高2 m,宽0.6 m,顶部铰接一起。一半是梯形,另一半中间部位采用钢管加工的滑块,可沿着竖管上下滑动。施工底板钻孔时,锚杆机固定在滑块上,头朝下,调节钻孔角度是通过旋转装置两部分的夹角来实现的。

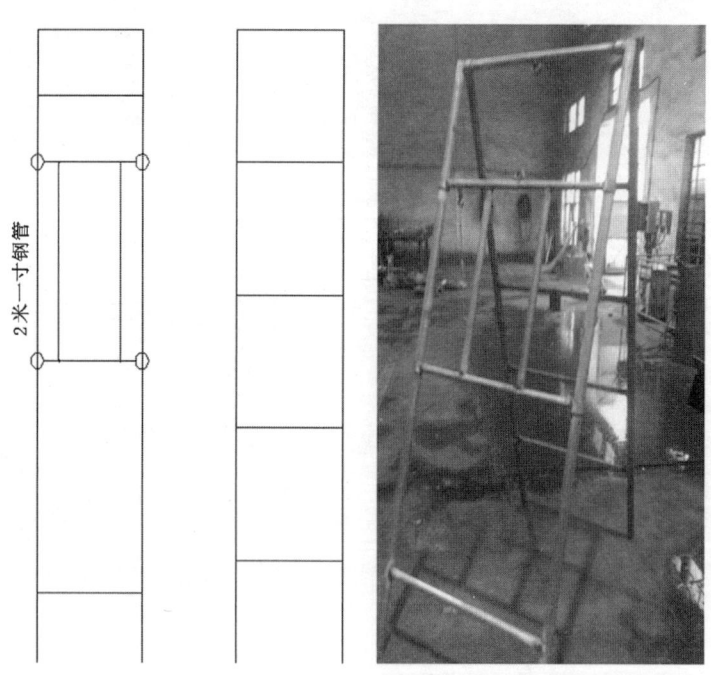

图1 底板地质钻孔轻型机架

3. 创新点与实施效果

（1）该机架轻便，便于搬运使用，机架照片正面是一个可以上下滑动的滑块，锚杆机倒立固定在滑块上可自如调整方位角，施工底板钻孔探查断层。

（2）无须人工控制倒立的锚杆机钻孔，可减轻人工劳动轻度，降低安全风险。

（3）机架一物两用，巷道揭露断层，用于探底板钻孔，平时可登高使用。

4. 经济效益预测

装置简单，操作方便，施工效率高。同时，采用机架固定锚杆机打钻，比人工手持安全性能高，防止操作人员受机械伤害。

人工中部槽挪移杠

1. 技术研发背景

目前,矿上各煤巷掘进工作面安装或拆除 40 t 刮板输送机,人工运输中部槽,均采用四人上肩的办法抬运。在运输期间,由于人员走路不慎,经常造成中部槽滑落砸伤运输人员的情况。

2. 技术原理

针对以上出现的问题,特研制一种防止中部槽脱手砸伤人员的人工中部槽挪移杠。选取一根 2 m 长 1 寸钢管、两根 0.6 m 长 8 mm 钢筋制成的链条(末端连接同样规格的金属钩),根据设计示意图(图 1)进行加工两件杠子。

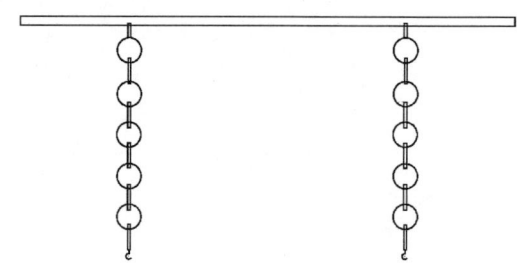

图 1 人工中部槽挪移杠

搬运中部槽前,将中部槽立起,用每副杠子下方的一对钩挂住中部槽的一侧,四人抬运杠子,将中部槽抬到目的地。

3. 创新点与实施效果

人工抬运杠子运输中部槽,中部槽的下边缘距离底板一般有 0.2 m 左右,不需要抬高至人肩位置,省力。中部槽距离底板近,滑落伤人的概率降低,确保人员搬运安全。

4. 经济效益预测

通过研制使用人工中部槽挪移杠,井下现场搬运中部槽更方便、省力、安全,提高了运输效率,同时有效避免了中部槽滑落伤人事故的发生,取得了较好的安全经济效益。

锚杆钻孔孔内裂隙自动修复技术

1. 技术研发背景

某巷道失修严重,两帮煤体松软有裂隙,修护打锚杆孔,因孔内裂隙大,每孔放 3~5 根锚固剂才能确保锚杆有支护作用,材料浪费严重。针对上述问题,研究锚杆孔孔内自动修复技术进行解决。

2. 技术原理

操作帮锚机采用干打外喷的方法凿孔,凿至孔底后,给钻杆打开少量水,让这部分水与孔内煤粉混合,并来回抽动钻杆,把孔内煤泥刮入裂隙进行充填。煤粉不足时,再增加一些炮泥进行补充,如图 1 所示。

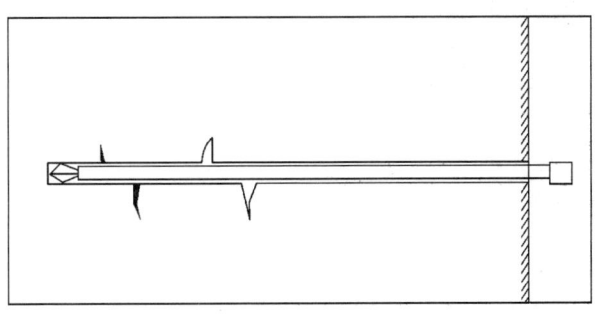

图 1　锚杆钻孔孔内裂隙自动修复技术

3. 创新点与实施效果

利用煤粉或炮泥充填失修巷道的围岩裂隙,降低锚固剂的充填量,节约支护材料费用。

4. 经济效益预测

通过现场实际操作,被修复后的锚杆孔,只需放入 1 根锚固剂就可将支护锚杆的各项参数达标。方法简单,操作方便,比原支护法用时短,每孔节约 2~3 根锚固剂,每月可节约材料费用 5000 元以上。

转载点开放式溜头支撑架

1. 技术研发背景

目前,井下现场刮板输送机搭接输送带机尾,一般采用一对工字钢支撑架,由于该支撑组合有8根斜腿,影响司机清理刮板输送机回头炭,对此研制具有竖直支撑腿的开放式支撑架。

2. 加工制作

按照如下设计图(图1),采用废旧4寸钢管加工支撑架。

(a) 实物图

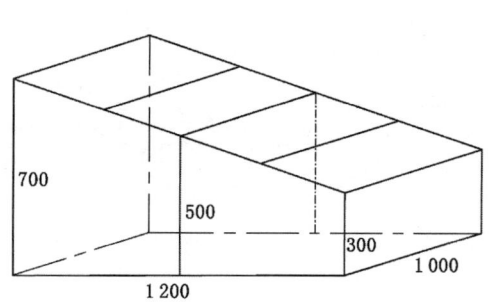
(b) 设计图

图1 转载点开放式溜头支撑架

3. 创新点与实施效果

应用该支撑架,使用刮板输送机运输煤炭时,拉的回头炭洒在支撑架下方开放式的空间内,支撑腿间隔0.6 m,方便清理,而且美观大方。

4. 经济效益预测

采用该装置支撑溜头,回头炭大部分能落在支撑架下方开放式的空间内,方便清理。回头炭不被刮向刮板输送机尾部方向,减轻对中部槽的磨损。

多功能轻型运输车

1. 技术研发背景

为配合综掘工作面快速掘进,方便掘进工作面职工取用及存放锚杆机、锚固剂等,研制具有运输和料架功能的轻型运输车。

2. 装置制作

按照如图 1 所示设计图,采用角钢、钢板加工轻型运输车,该车整体重量约 35 kg。

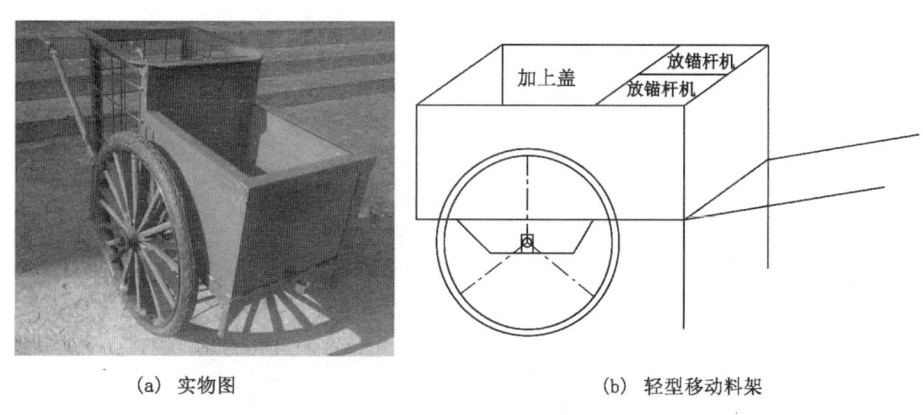

(a) 实物图　　　　　　　(b) 轻型移动料架

图 1　多功能轻型运输车

3. 创新点与实施效果

该车是一车多用,既能运输材料,又可作为临时料架。

4. 经济效益预测

该轻型运输车轻便、好使,掘进工作面落煤后,作业人员从掘进机后方工作面,不用人工抬架,载着锚杆机挪移到掘进机后方当料架使用。

压风过滤装置研制

1. 技术研发背景

老采区压风管路由于常年闲置,管路内铁锈多,导致压风质量差,影响使用,针对上述问题,研制了压风过滤器(图1)。

图1 压风过滤装置

2. 创新点与实施效果

(1) 该装置小型化,拆装使用方便。
(2) 过滤效果好,使用该过滤器完全满足掘进需要。

3. 经济效益预测

研发使用压风过滤装置,能够解决管路陈旧、铁锈危害等问题。不需要安排人员将3000多米长的管路进行专门清理,节约用工。

带式输送机中间部挖底机体临时支撑架

1. 技术研发背景

运输大巷巷道年久失修,为满足巷道使用,挖底期间一般采用钢丝绳将输送带 H 架整体吊挂在顶板上,容易造成吊挂松脱,对下方挖底施工的人员构成威胁,针对上述问题,研制了机体临时支撑架(图1)。

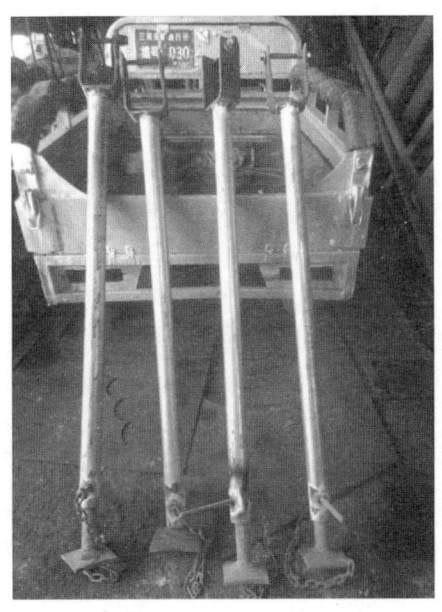

图 1 临时支撑架

2. 创新点与实施效果

(1)小型化轻便。
(2)装置设计了可以调节高度的机构,便于适应不同的吊挂高度。
(3)与钢丝绳吊挂一起,更能保证吊挂的稳固,起到双保险的作用。

3. 经济效益预测

采用该固定装置后,带式输送机机架固定牢靠,可给下方挖底施工人员一个安全环境。

顶板锚杆预紧加长杆的研制

1. 技术研发背景

煤巷掘进工作面顶板支护后,一般在下一班接班 2 个小时内进行二次紧固,由于综掘快速掘进,每班进尺 6 排,顶板支护锚杆较多,再加上巷道较高,在规定时间内往往完不成紧固任务。针对上述问题,研制了顶板锚杆预紧加长杆。

2. 装置加工

该加长杆一端焊接套筒,另一端焊接六棱钢,如图 1 所示。

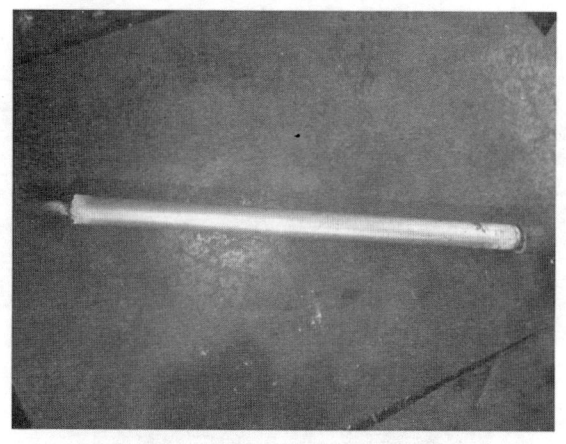

图 1　顶板锚杆预紧加长杆

根据巷道高度加工不同长度的加长杆,如图 2 所示。

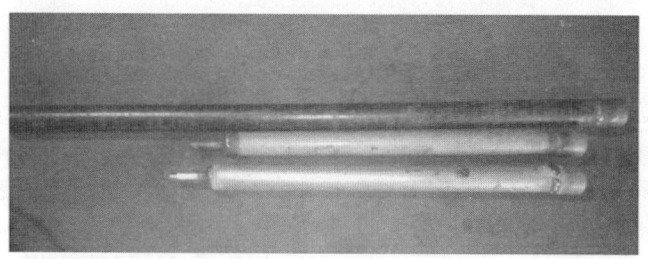

图 2　不同长度的加长杆

3. 创新点与实施效果

(1) 制作简单,方便使用。将加长杆套筒套在准备预紧的顶板锚杆螺栓上,另一端六棱钢与风动紧锚器连接,即可操作。

(2) 采用加长杆预紧顶板锚杆只需要一人即可完成,省人省工。

(3) 操作速度快,30 min 即可完成顶板锚杆预紧任务。

4. 经济效益预测

使用该工具,不用登高作业,便于人员进行掘进巷道顶板锚杆二次紧固,缩短工时,经济效益十分明显。

喷浆机上料口控制产尘装置

1. 技术研发背景

煤矿井下岩巷喷浆机上料口由于直接敞开,机旁粉尘浓度高,空气质量较差,影响作业人员身心健康。针对上述问题,研制了喷浆机上料口控制产尘装置。

2. 技术原理

该装置控制产尘的原理是采取隔离的办法进行减尘,就是将喷浆机作业时机口扬尘、喘气口排放的尾尘进行处理。一是加工如图1所示防尘罩,该装置与原机相比,机口搅拌箱对空的暴露面积将少90%(由0.3 m² 减小到0.03 m²),高

(a)

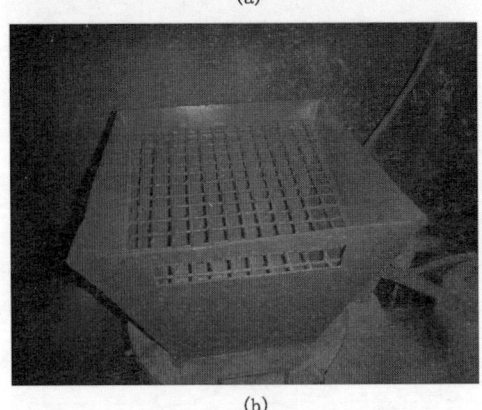

(b)

图1 喷浆机上料口控制产尘装置

度增加 0.3 m,搅拌箱内产生的粉尘绝大部分溢不出来。二是增设喘气口扑尘装置,加工喘气弯管,下方扎一件口袋,喷浆的尾尘通过弯管收集到口袋中,进行二次利用。

3. 创新点与实施效果

(1)利用该装置进行主动减尘,能够真正起到降尘的效果。

(2)现场空气质量好,可减轻对作业人员的职业危害。

4. 经济效益预测

采取本实用新型装置在现场安装使用后,同等喷浆施工条件下,经检测,机口粉尘浓度为 $0 \sim 1.6$ mg/m^3,喷浆机机口粉尘明显减少,在任何时间点机口粉尘浓度都未达到 4 mg/m^3 的临界值,符合煤矿井下使用要求,并可减少设备购置费用。

矿用潮式喷浆机上料口无尘型装置

1. 技术研发背景

煤矿井下岩巷潮式喷浆机上料口采用的圆形过滤筛,表面积为 0.3 m²,由于其直接对上部空间敞开,喷浆作业时,喷浆机搅拌箱内粉尘容易扬起,机旁粉尘浓度高,空气质量较差,影响作业人员身心健康。针对上述问题,在矿用潮式喷浆机上料口减尘装置研制的基础上,经过进一步优化,研制了喷浆机上料口无尘型装置,如图 1 所示。

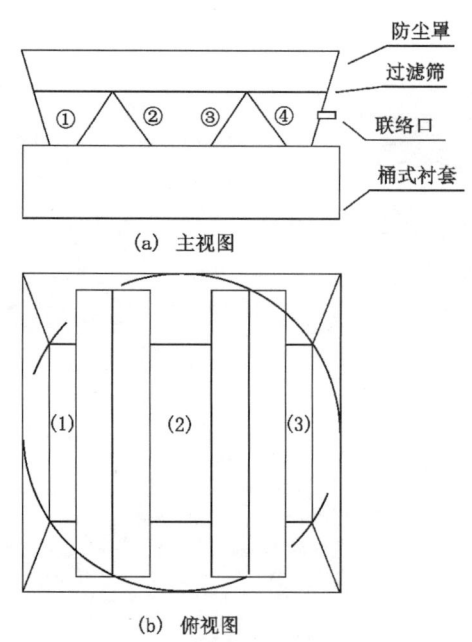

图 1 喷浆机上料口无尘型装置

2. 技术原理

该装置控制产尘,除采取喷浆机搅拌箱与上方空气隔离的办法进行减尘外,另外增设一套文氏管(图 2),该管上方的口 1 与防尘罩上的联络口采取软管相连接。口 2 与喷浆机的尾气口连接。当喷浆作业时,喷浆机尾气口排出的含尘尾气压强一般在 20~30 mm 水柱之间,由于射流原理,口 1 至防尘罩之间形

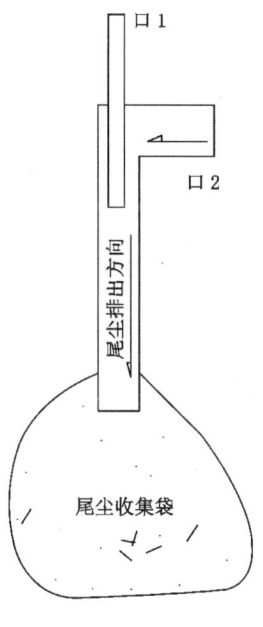

图 2 文氏管

成负压,经检测防尘罩内空气负压为 0~2.3 mm 水柱,使得防尘罩内粉尘不能向上方溢出,多数粉尘进入喷浆机进料口,少量粉尘经联络口—软管—文氏管—粉尘收集袋后回收再利用。整套装置分为防尘罩、桶式衬套、文氏管等三部分,如图 1 立体示意图所示。为减轻职工上料的劳动强度,降低了防尘罩的高度(由 0.4 m 降为 0.2 m)。为便于下料,防尘罩内的挡板设计成如图 1 所示的①、②、③、④等共计 4 块,形成(1)、(2)、(3)等 3 个锁口,防尘罩、桶式衬套焊接一体即为喷浆机上料口减尘装置。喷浆作业时装置的桶式衬套嵌入喷浆机桶式上口内。

该装置与原机相比,原机机口搅拌箱对空的暴露面积为 0.3 m²。喷浆料经过的截面积为 0.06 m²,为原机的 20%,对喷浆机搅拌箱的粉尘起到有效隔离。同时,增设一套文氏管,喷浆作业时,防尘罩内有一个微弱的负压,搅拌箱内产生的粉尘很难溢出来。图 1 所示的挡板有两个作用,一是减小喷浆机搅拌箱与上部空间的暴露面积;二是遮挡正下方喷浆机的进料孔。喷浆料通过该进料孔经磨砂板进入输出管路,当喷浆机输出管路堵塞时,在来不及停止压风的情况下,进料口至磨砂板之间的喷浆料会瞬间从喷浆机上口喷出,危及机口操作人员的安全。

3. 创新点与实施效果

该装置利用文氏管原理,将容易扬尘的上料口设计为负压区,真正起到控

图 3 喷浆机上料口无尘型装置

制扬尘的作用。加工如图 3 所示的喷浆机上料口无尘型装置,在现场安装使用后,喷浆作业时,喷浆机机口几乎没有粉尘。经监测,采用原机喷浆作业,机口粉尘浓度为 $2.6\sim35.8$ mg/m³。喷浆作业时间段,粉尘浓度绝大多数时间都是违反作业规程的规定。采取喷浆机上料口无尘型装置后,在同等喷浆施工条件下,机口粉尘浓度控制在 $0\sim0.02$ mg/m³ 之间。在任何时间点机口粉尘浓度都未达到 4 mg/m³ 的临界值。

4. 经济效益预测

(1) 该装置是采取隔离法、负压法相结合的办法控制粉尘,能够真正起到喷浆机口无尘的效果。

(2) 现场空气质量好,可减轻对现场作业人员的职业危害。

360 钻机消尘装置

1. 技术研发背景

井下现场同时使用两部 360 钻机施工,巷道粉尘多,净化水幕降尘效果不明显,研制一套 360 钻机的消尘装置,经过现场使用,取得了良好效果,如图 1 所示。

图 1　360 钻机消尘装置

2. 装置研制

将防尘喷嘴和消尘罩进行有机结合,组成了 360 钻机消尘装置。此装置底座有螺丝孔,可以直接固定在 360 钻机导轨上,打钻人员只需要正常操作钻机进行作业即可,不需要额外作业,使用简单可靠。

3. 创新点与实施效果

360 钻机消尘装置能够固定在钻机导轨上,与钻杆同时进退,便于降钻孔拉出来的粉尘,与传统固定式的防尘装置相比,降尘效果更加明显,不易造成积水。

矿用无尘型混凝土拌料装置

1. 技术研发背景

目前,煤矿井下岩巷喷浆采用的潮式混凝土料,由人工持铁锹搅拌而成。搅拌作业过程中,巷道风流将大量水泥粉尘扬起,导致作业现场粉尘浓度高,空气质量差,严重影响作业人员的身心健康。为解决上述扬尘问题,研制了一套矿用无尘型混凝土拌料装置。

2. 技术原理

矿用无尘型混凝土拌料装置分两部分。一是上部可自动开关的进料漏斗,即漏斗下口安装一扇可灵活开关的铁板门,漏斗中部布置一个过滤筛。二是下部的拌料箱,拌料箱外壳是封闭的铁板箱体,中部布置一块斜度70°的钢板,钢板上均匀焊接一组钢筋;在箱体下部与斜板交叉处割开一个出料口。装置立体示意图如图1所示。

工作原理:当人工将水泥、沙子、石子等材料放进漏斗上口,材料下落将铁板门打开,材料经过铁板门后,由于重力作用该铁板门自动关闭合严漏斗,挡住箱体内扬起的粉尘。水泥、沙子、石子等材料从漏斗落入箱体内的斜板上,纷纷向下方滚落,由于斜板上横向焊接的钢筋条的作用,材料滚落减速,并充分碰撞,从而达到拌匀材料的作用,最终自动搅拌好的混凝土材料从下方出料口涌出,既实现了拌料隔绝粉尘的目的,又达到了自动搅拌料的效果。装置剖面图如图2所示,斜板结构如图3所示。

3. 创新点与实施效果

采用本装置搅拌混凝土料,拌料时搅拌箱内粉尘被有效地隔离。经检测,采用原手工拌料作业,现场粉尘浓度为 15～125 mg/m³,拌料作业时间段,粉尘浓度均违反作业规程的规定。采取本实用新型装置后,在拌同等量料的施工条件下,经检测,现场粉尘浓度在 0～2.88 mg/m³ 之间,粉尘明显减少,在任何时间点机口粉尘浓度都未达到 4 mg/m³ 的临界值。另外,在重力作用下,材料在箱体内特制的斜面上自动搅拌,减轻了职工的劳动强度,所拌的混凝土料比人工拌料更均匀。

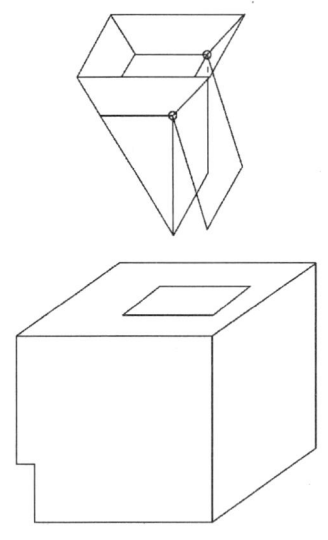 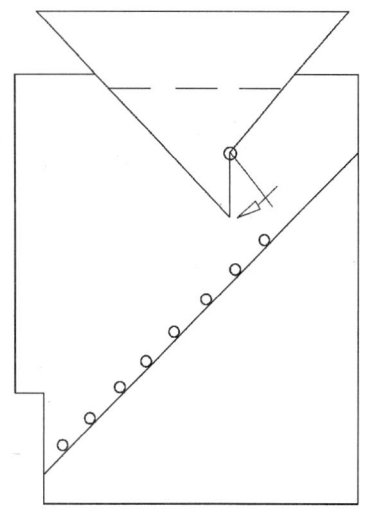

图 1 矿用无尘型混凝土拌料装置　　　　图 2 装置剖面图

图 3 斜板结构

该装置采取隔离式控制粉尘的措施,能够真正起到封闭粉尘、杜绝粉尘外泄的效果。在降尘的同时,装置还能将混凝土料自动搅拌均匀,提高了生产效率。

隔爆污水泵吸水口自动防堵装置

1. 技术研发背景

采掘工作面污水一般汇集到附近的临时水仓,然后再用矿用隔爆污水潜水泵及排水管路排到外围采区水仓。由于工作面污水内灰土、泥沙较多,经常堵塞甚至损坏污水泵,影响排水工作。针对上述问题,研制了污水泵吸水口自动防堵装置,如图1所示。

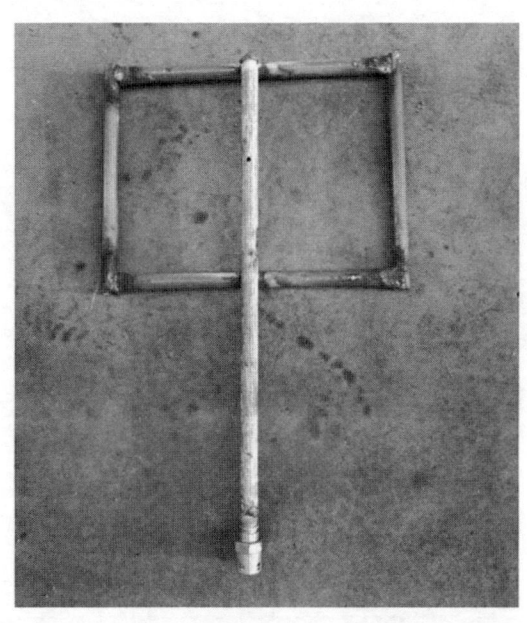

图1 污水泵吸水口自动防堵装置

2. 技术原理

采用4分钢管焊接方形框架作为支架,再选用一段长1 m的4分钢管,一端焊接接头,另一端焊接在方形架上,并在方形架上方的中间部分开3个 $\phi 4$ mm 孔,朝向分别为向上、向左、向右,接头与防尘水管连接,直接将方形架放到污水泵下方。

每次排污水前,先开启防尘水,用清水将污水泵下方沉积的污泥冲开,使之与上方清水混合,形成非沉淀状态,便于污水泵向外排出,而且不堵塞泵。

3. 创新点与实施效果

采用机械装置高压水冲洗泵底区域污泥,防止污水泵堵塞,改变了人工清挖淤泥进度缓慢的现状,安全高效,防堵效果好。

4. 经济效益预测

(1) 制作简单,使用方便,延长了污水泵的使用周期。
(2) 采用该装置不需要经常人工清理水池内的污泥,提升了工效。

通防、防冲专业

360 钻机轻型支撑架

1. 技术研发背景

采煤工作面防冲卸压采用 360 钻机,该钻机由两件柱式支撑腿和一个主机跑道组成。单件柱式支撑腿的重量约为 100 kg,人工挪移、安装设备费时费力,每次组装的时间超过 1 h,严重影响打钻卸压的工程效率。由此需要进行简化装置、减轻部件重量等,以利于现场施工,提高工效。

2. 技术原理

(1) 钻机前端的固定支撑(图1)。连接板安装在钻机跑道的前端,通过长销子将支撑架与连接板铰接,从而起到支撑钻机跑道的作用。

图1 钻机前端的固定支撑

(2) 钻机后端的固定支撑(图2)。加工抱箍,安装在工作面超前支护的单体上,然后将钻机跑道固定在抱箍上。

3. 创新点与实施效果

通过研发简易钻机前支撑架,与现场带式输送机机架耦合,代替较为笨重的支撑腿,能减轻操作人员的劳动强度,提高钻孔的效率。

图 2 钻机后端的固定支撑

(1) 重量轻,便于挪运安装。前支撑架和后支撑抱箍重量均为 10 kg,仅为原支撑腿重量的 1/10。

(2) 安装时间短,增加工效。原装备安装时间一般在 1 h 以上。使用轻型支撑架,钻机的整体安装时间不到 10 min。

(3) 稳定性好,提高打钻质量。使用前部轻型支撑架钻机牢稳,打钻时整体不颤动,保障眼孔直,不卡钻。

K4 钻机加长杆

1. 技术研发背景

目前,我矿井下采掘工作面防冲预卸压、顶板预裂、钻取岩心工作多采用 K4 钻机进行钻孔。K4 钻机在现场使用过程中,其最大钻孔角度只能达到 40°,制约了钻机的使用范围。超过 40°的孔无法施工,井下现场需垂直钻取岩心作冲击矿压鉴定时,在未改造钻机前,如需垂直钻孔,需从地面重新下可垂直取孔的钻机,影响效率。

2. 技术原理

为提高钻进效率,将 K4 钻机调节杆顶端的堵头拆下,利用其内部丝扣,然后加工两节与之配合的加长杆,使调节杆整体加长 1 m,从而让 K4 钻机角度能够在 0°~90°范围内调节并进行钻孔作业。改进后,减少了接钻杆次数和时间,效率提高 1 倍,也增加了 K4 钻机的使用范围,基本上可完成所有钻孔需求,不需另外购置钻机。具体如图 1 所示。

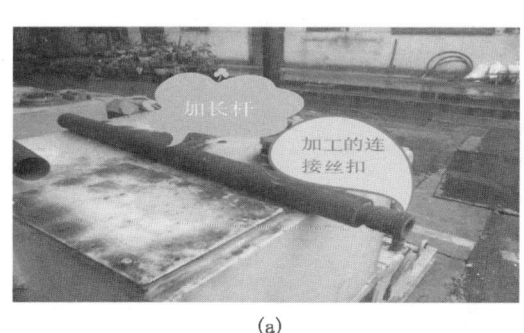
(a)

(b)

图 1 K4 钻机加长杆

3. 创新点与实施效果

通过对 K4 钻机调节杆延长,增大钻机开孔的调节倾角,便于施工底板大倾角钻孔。在开凿大倾角底板钻孔的工程中,较短时间内就能完成等垂距的钻孔,施工效率十分明显。

4. 经济效益预测

(1) 提高钻进效率,节约钻进时间,创造进尺效益。以 10m 垂直孔为例,将 K4 钻机调节至 90°钻进时只需要 10 根钻杆,未进行钻机升级改造前,施工垂高达到 10m 的钻孔需钻杆 20 根左右,升级改造后,原来需要一个小班的工作量现在可以半班完成,节约时间。

(2) 减少操作步骤,提高钻机稳定性。不使用加长杆的钻机必须使用道板将钻机抬高,容易造成 K4 钻机在钻孔过程中失稳歪倒伤人。

采煤机喷头

1. 技术研发背景

目前,我矿井下使用的采煤机滚筒内喷雾头,每个价格在100元左右,正常割煤期间丢失较多,每个工作面每月大概损失40多个。而且该喷头易被防尘水中的杂质堵塞,影响工作面正常降尘。为此研制了采煤机喷头,节约投入费用。

2. 技术原理

采煤机喷头的损坏一般有两种,一是整个喷头丢失,二是内部水芯丢失。研制的采煤机喷头是利用车床加工出与原喷头外形尺寸一样的形状,然后加工一尼龙堵头,利用过盈配合嵌入喷头的进水口。然后在尼龙堵头上打两个直径为2 mm相互交叉的小眼,使高压水在喷头内腔旋转,以达到雾化的效果。

3. 创新点与实施效果

将原金属材质的喷雾头水芯改为尼龙材质的,便于自制加工,投入材料费用及加工费用较低,使用与维护较为简单方便。

4. 经济效益预测

减少使用成本,提高经济效益。原喷头进价每个在100元左右,而自制喷头加工一套成本不足10元。

钻孔煤粉收集器

1. 技术研发背景

目前煤矿采区的高应力,主要采取钻卸法进行矿压监测和释压解危。在施工煤粉检测孔时,多采用收集散落在钻孔附近底板的煤粉进行数据监测。由于粉尘飞扬等因素造成监测数据失真,本创新就是加工一件精准的煤粉收集器,能够精确监测矿压数据。

2. 技术原理

该装置为直角锥形,上半部分为三通形状,套在钻孔与钻机之间的钻杆上,紧靠煤壁,采用轻质塑料加工而成。下半部分是一件盛装煤粉的布质口袋。高速旋转的钻头切削煤炭成粉末,麻花状旋转的钻杆将煤粉带出钻孔,到达煤粉收集器三通处,靠自重流入煤粉收集口袋。

煤粉收集器工作示意图如图1所示,外形图如图2所示,收集器安装使用图如图3所示。

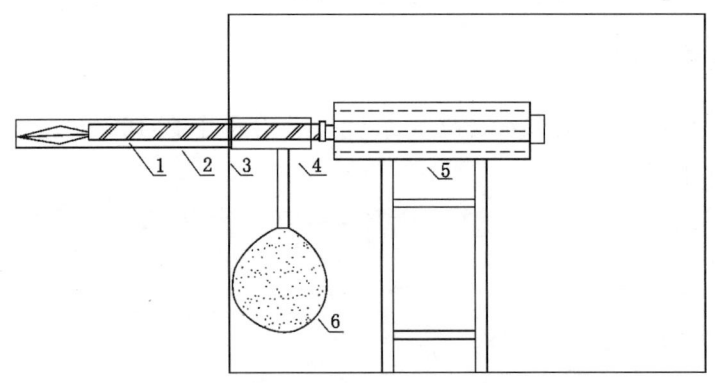

1—钻杆;2—钻孔;3—煤壁;4—煤粉收集器;5—钻机;6—煤粉收集袋

图1 煤粉收集器工作示意图

3. 创新点与实施效果

(1)钻出的煤粉能基本进入煤粉收集袋,确保矿压监测数据准确,同时不需要人工从底板二次收集煤粉,避免工序烦琐和引入非钻孔煤粉。

图 2　收集器外形图

图 3　收集器安装使用图

（2）该煤粉采集方法可有效避免煤粉飞扬，确保作业环境清洁卫生。

4. 经济效益预测

现场采用煤粉收集器后，每孔所采集的煤粉量精确度高，检测的矿压数据接近真实数据，为矿井的安全高效回采提供了有力支撑，安全经济效益十分明显。

高压注水设备过滤器

1. 技术研发背景

煤层高压注水过程中,因矿井防尘水水质较差,易堵塞SGS双功能高压注水水表的叶轮,叶轮堵塞后造成水表无法正常旋转,水表读数失真,需要经常更换水表。因SGS双功能高压注水水表价格较贵,经常更换水表造成生产成本较高。为解决水质差、水表易堵塞问题,研制了高压注水设备过滤器。

2. 技术原理

防尘管路三通阀门的防尘水,经高压水管接至高压注水设备过滤器,经过滤器过滤杂质后的水供至高压注水泵,流经水表,注入煤体。

高压注水设备过滤器上安装反冲洗球阀,过滤器内杂质较多时可把过滤器拆掉,用高压软管冲洗过滤器再复用,以达到较好的过滤效果。高压注水设备过滤器安装使用原理如图1所示,实物如图2所示。

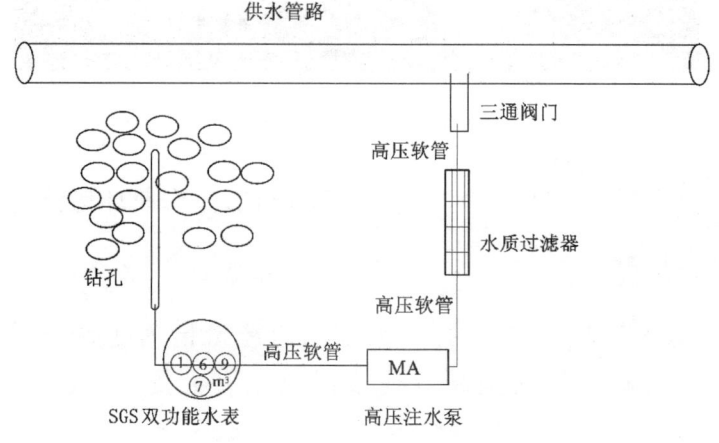

图1 高压注水设备过滤器安装使用原理图

3. 创新点与实施效果

研制使用过滤器先进行注水过滤,防止杂质进入水表,解决难度大,并且无法监测注水数据。超前进行水过滤,可降低注水施工难度,同时减少了仪器仪

图 2 高压注水设备过滤器实物图

表投入。

4. 经济效益预测

SGS 双功能高压水表约 2300 元一块,使用高压注水设备过滤器后,每月每个工作面至少能减少一块水表的更换,按照两个工作面来计算,节约资金 55200 元左右。

360 钻机辅助退钎装置

1. 技术研发背景

目前,我矿井下采掘工作面防冲预卸压、煤层注水孔等工作多采用 360 钻机进行钻孔,360 钻机在现场使用过程中,退钎需 3 人配合才能退钎,严重制约了卸压施工的效率。为提高钻进效率,特研制了 360 钻机辅助退钎装置。

2. 技术原理

将 360 钻机瞄准器前端的卡箍拆下,然后加工一直径为 20 mm 的挡杆,并将挡杆两端各钻一个直径为 12 mm 的圆孔。将该挡杆安装在瞄准器前端卡箍座上,并用 10 mm 的螺栓固定,让该挡杆在瞄准器前端自由开合,在退钎时合上挡杆,以达到辅助退钎之目的。

辅助退钎挡杆图如图 1 所示。

图 1 辅助退钎挡杆图

退钎挡杆安装图如图 2 所示。

3. 创新点与实施效果

360 钻机退钻时,采用研制加工的退钎挡杆,作为辅助工具固定钻杆,比人工手持工具退钻安全高效。

图 2　退钎挡杆安装图

4. 经济效益预测

（1）提高钻进效率,节约退钎时间,创造进尺效益。以 15 m 卸压孔为例,加装辅助退钎装置后可节约退钎用时,并减少操作工一人。

（2）优化施工工艺,提高退钻安全性。

隔爆水槽易控补水装置

1. 技术研发背景

在井下隔爆水棚的加水过程中,由于不好控制,防尘水管内的水不能全部加入水槽内,有一部分洒在巷道底板上,现场作业环境较差。为了解决这一问题,结合现场实际,研制加工了隔爆水槽易控补水装置(图1)。

2. 技术原理

使用4分镀锌钢管加工成L型,在钢管的手持部位加装一个截止阀,加水过程中钢管能直接插入隔爆水槽内,能有效解决从水槽中洒出水的问题,同时可根据所需水量通过手持部位的截止阀及时控制。

图1 隔爆水槽易控补水装置实物图

3. 创新点与实施效果

该装置的外形尺寸更加贴近实际,方便隔爆水棚加水,能有效解决水槽洒出水的问题,手持部位安装截止阀便于控制加水量。通过现场使用,隔爆水棚加水效果较好。

4. 经济效益预测

每天为隔爆水棚(两道)补水时,可减少因控制不及时而造成的水资源浪费,减少防尘水使用量和排水工作量,降低排水设备维护工作量,节约排水电费。按照每月两个工作面(四道隔爆水棚)计算,全年创效2万元左右。

井下回风巷道空气净化装置

1. 技术研发背景

目前,矿井主要回风大巷空气质量较差,采用现有的喷雾装置效果不太理想,而且喷出较多的水影响巷道标准化。针对上述问题,研制了井下回风巷道空气净化装置(图1)。

图1 井下回风巷道空气净化装置

2. 创新点与实施效果

(1) 轻便,装置的全部重量约2 kg。
(2) 采用压风束冲击喷雾的小水滴,使其粒径分化成1/10左右,雾化效果更好。
(3) 喷雾全部进入空气中,随回风飘走,现场底板不积水,现场标准化程度更高。

3. 经济效益预测

该装置雾化效果好,有利于现场作业环境的保持,减轻对接尘人员的职业危害。

机电运输专业

刮板输送机中部槽耐磨中底板

1. 技术研发背景

目前,使用的刮板输送机中部槽的中板和底板损坏严重,可采用耐磨性、耐蚀性好的 NM360 钢材更换中板和底板,硬度为 HB360,但平均寿命不超过 2 Mt。为延长中部槽的使用寿命,经研究,在基板表面堆焊一层耐磨层的复合中板。

2. 工艺方案

由于堆焊金属的显微组织、合金元素的种类和含量对堆焊金属的耐磨性影响很大。通过查阅资料,分析铬碳比不同的堆焊层形态、分布、数量、基本组织的性质、基体与硬质相的匹配等对堆焊合金耐磨性能的影响,从而找到耐磨性优异的耐磨堆焊层。选用药芯焊丝堆焊,可以灵活调整堆焊材料的化学成分,且金属粉型药芯焊丝力学性能比实心焊丝效果更好。

所研制的高强度耐磨复合中板是由低合金高强度基板和合金耐磨层两部分构成(图 1)。研究决定采用耐磨性、耐蚀性好的 30 mm 厚 NM360 钢板为基板,用 BS3-500 交流弧焊机在基板表面上堆焊,用 THJ422 型碳素钢焊条在基板表面堆焊 8mm 碳化铬耐磨层。选用的堆焊方法,既保证了耐磨中板与铸造帮的可焊接性,又使堆焊层的硬度得到很大提高。但给中部槽两端舌板的加工带来难题。为解决这一难题,通过查阅资料决定购买高强度切割器具,加工中部槽两端舌板,此制作工艺才得以顺利实施。

3. 创新点与实施效果

为延长中部槽的使用寿命,对刮板输送机中部槽中板和底板极易损坏表面堆焊一层耐磨层,从而提高其耐磨性能。经现场实施,效果明显,中部槽使用寿命平均延长 30%以上。

4. 经济效益预测

矿井每年需要修理的中部槽大概有 360 多节,每节中部槽中板和底板全部更换自修成本每节约 3539 元,外修每节需要 4800 元,自修每节节约 1261 元,全部自修全年可节约45万余元。自制加工生产的新型耐磨复合钢板的耐磨性能远高于目前使用的高强板,大大提升了中部槽使用寿命。

图1　高强度耐磨复合中板

特种密封圈压制模具

1. 技术研发背景

矿用 315 乳化液泵,因设计缺陷而易吸入空气,在高压下产生汽蚀现象,在吸液口、柱塞和单向阀阀座上形成汽蚀孔洞,使泵体吸液口接合处的 O 型圈损坏,造成泵体漏水、压力低、排量减小,导致报废,如图 1 所示。

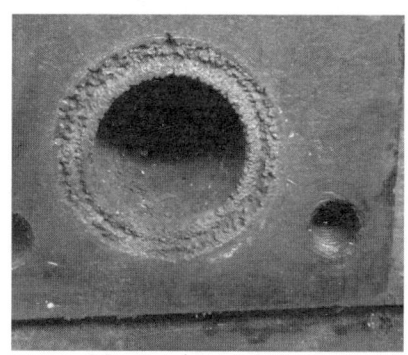 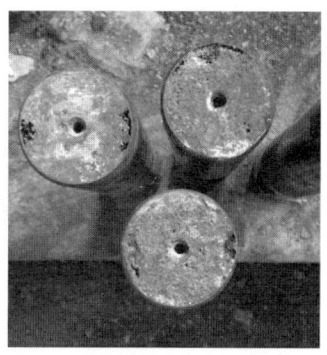

图 1 汽蚀现象损坏的吸液口和柱塞

2. 技术方案

为了修复 315 乳化液泵,研制了特种密封圈压制模具(图 2),利用模具在橡胶垫上压出一定尺寸的密封垫圈。先将损坏的泵体除锈,再用高强度粘合胶进行充填处理,待胶液固化后再进行平面处理,然后更换掉原来的密封圈,确保完全密封后组装试运行。更换特种密封圈后各项指标全部符合要求,杜绝了系统内吸入空气的现象,也就杜绝了汽蚀现象,避免了损坏泵体、活塞、单向阀等事故。

图 2 特种密封圈压制模具

3. 创新点与实施效果

利用模具在橡胶垫上压出适合尺寸的密封垫圈,便于现场使用。

4. 经济效益预测

每台泵体的价格为1.8万元,按已经维修好两台泵来计算,不计活塞和单向阀的价格,已经为企业节约资金近4万元。

采煤机对口燕尾锁紧装置

1. 技术研发背景

天山矿业有限公司几台采煤机因使用时间较长,机体连接件老化,在使用中经常出现对口松动,导致采煤机机体歪斜,出现行走部脱槽等现象,严重影响矿井安全生产。

2. 装置研制

在两个连接件上各焊接一块燕尾锁紧槽,再用燕尾锁紧块进行锁紧,最后用两条高强度螺栓将燕尾锁紧块压紧,使其成为一个整体,大大增强了采煤机机体的稳固性能。燕尾锁紧槽如图1所示,燕尾锁紧块如图2所示,安装的燕尾锁紧装置如图3所示。

图1 燕尾锁紧槽

3. 创新点与实施效果

利用燕尾槽强大的稳固性能对采煤机对口连接螺栓进行补强,改进后的采煤机机体接合严密,稳定性能好,即使连接螺栓松动,机体连接也不会有变形的情况发生。

图 2 燕尾锁紧块

图 3 安装的燕尾锁紧装置

4. 经济效益预测

矿上在用采煤机全部采用该装置加固后,经过多个工作面的使用,再也没有因为连接螺栓松动导致无法正常生产的情况发生。

矿用水槽压制模具

1. 技术研发背景

我矿井下采煤工作面地质条件复杂,顶底板涌水量较大,需要挖砌水沟排水,因水泥砌成的水沟成本较高且施工时人工劳动强度大,进度慢,不能复用。考虑采用重量轻、施工强度小、成型好、可以再循环使用的水槽用于工作面快速推进时的排水水沟。

2. 技术原理

利用车间的液压工作台,将凸型压制模具安装在液压工作台的活动油缸上,再把凹型模具安装在工作台的平台上,然后把剪切好的铁皮放在两模具之间,启动液压工作台下压,一次压制成型,工序简便易于操作,具体如图1所示。

图 1 矿用水槽压制模具

3. 创新点与实施效果

采用模具加工定型水槽,规格统一,速度快。

4. 经济效益预测

压制的水槽在各采掘工作面使用效果良好,原玻璃钢水槽的购置单价为370元/节,自制加工的铁质水槽的成本及人工工资约为100元/节,每个采掘工作面使用约为50节,可以节约费用8500元。

主副井闸控系统升级改造

1. 设计背景

我矿立井提升机采用液压闸控系统,技术改造较早,闸盘间隙大于 2 mm 时发出声光报警,但不能闭锁提升机下一次开车。按照《煤矿安全规程》要求,当液压盘形闸敞开时与提升机的闸盘间隙大于 2 mm 时,提升机的闸控系统必须发出声光报警并且闭锁提升机下一次开车。

为使矿井提升机采用的液压闸控系统符合《煤矿安全规程》的规定,节约改造成本,对我矿提升机采用的液压闸控系统进行改造。

2. 技术原理

为了节约改造成本,并且在不改变副井电控的前提下,只要闭锁提升机的打点信号回路,信号工就无法打点,提升机司机接不到信号就无法开车。

为此,经过研究,决定在提升机闸控系统装置柜里加一个小型继电器,将声光报警装置的电源并接在小型继电器的电源接线端上,即当闸间隙大于 2 mm 时,闸控系统发出声光报警,小型继电器就会得电,进入工作状态。

接入的小型电继电器上有常开常闭触点,将常闭触点接入到提升机的信号回路里。当小型继电器得电进入工作状态时,常闭触点转换为常开触点,因此信号回路断开,信号工无法打点,提升机司机不能开车。当闸间隙小于 2 mm 时,闸控系统不会发出声光报警,小型继电器不得电,无法进入工作状态,因此接入到信号回路的小型继电器的辅助触点维持初始状态,即闭合接通状态,因此打点信号回路接通,信号工可以打点,提升机司机能接到打点信号,可以开车。

3. 创新点与实施效果

利用控制回路继电器与报警系统的逻辑关系,实现提升机信号的准确发送。

4. 经济效益预测

通过这次改造,使我矿提升机液压闸控系统在闸盘间隙大于 2 mm 时发出声光报警,并且能闭锁提升机下一次开车,符合《煤矿安全规程》规定,节约改造资金约 10 万元。

斜巷防跑车电控风控联动装置

1. 技术研发背景

从井下斜巷的上部车场向下运输重车,为了减轻职工推车的劳动强度,一般在斜巷上口另外布置一部小绞车,用于从上部车场向斜巷上平台变坡点位置勾车。现场职工图省事,勾车前往往提前将斜巷安全门打开,勾车过程中稍不注意,重车会误入斜巷,造成跑车事故。针对上述问题,研究并设计了斜巷防跑车电控风控联动装置。

2. 技术原理

利用安全门敞开信号闭锁上平台勾车的小绞车,即勾车时提前打开安全门,安全门气缸动作,与之并联的控制气缸也同步动作,这样就可以将小绞车控制回路的常闭触点断开,小绞车无法启动勾车。只有操作安全门气缸将安全门闭合,与之同步的控制气缸也动作,小绞车控制回路的常闭触点复位,小绞车才能启动勾车,这样就能有效避免斜巷跑车事故的发生。

3. 装置结构

(1) 风控系统。安装一件气缸,该气缸与操纵安全门的气缸风控回路并联,用同一个控制按钮操作,动作同步。

(2) 电控系统。从小绞车控制回路中引出一个常闭触点,该触点与控制气缸安装在同一个箱体内,连接一起。

4. 创新点与实施效果

(1) 降低安全风险。该创新办法完全是利用技术手段解决安全难题,该电控风控系统不仅安全实用、耐用,而且动作灵敏、可靠,安全性能高,更加适应井下作业现场。

(2) 操作简单,维护工作量小,而且不另外增加现场操作工序。

(3) 投入研制成本低,该装置整套实物成本不足 1000 元,但能创造出与之相比高得多的安全效益。

5．经济效益预测

该装置提高了施工的安全性，降低了现场作业的风险和安全成本。该系统结构简单，投入成本低，使用方便安全，是大斜巷安全高效运行行之有效的好办法，值得在矿井内推广。

乳化液泵曲轴润滑系统

1. 技术研发背景

我矿在用的 BRW315/31.5 型乳化液泵的曲轴润滑系统靠一个齿轮泵供给,此类泵的弱点就是反转时无压力输出,随着使用时间的增加,输出的压力和流量衰减较快,从而引起烧曲轴的情况发生。只有解决了这个润滑问题,才能提高此类油泵的使用寿命和可靠性。

2. 技术原理

在原有润滑系统的基础上,在曲轴的后轴瓦和瓦盖上打两个透孔,当曲轴旋转到油箱底部的时候,润滑油液通过这两个透孔进入轴瓦和曲轴之间,从而起到增加曲轴润滑油量的目的,如图 1 所示。

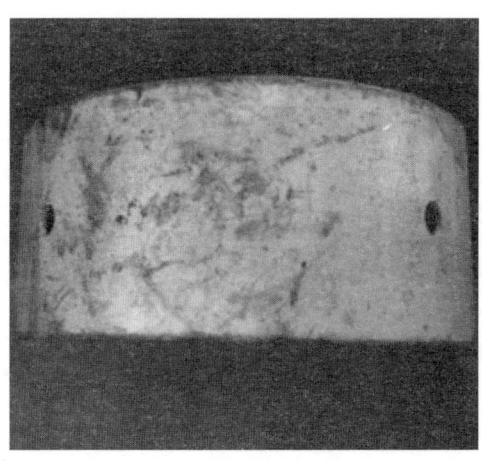 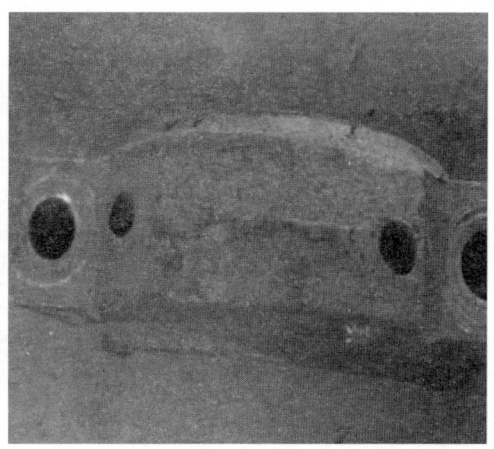

图 1 改进后的轴瓦和瓦盖

3. 创新点与实施效果

乳化液泵的曲轴润滑油由专用泵供给,改为直接接触润滑,简单易行。通过这次改造,可使 BRW315/31.5 型乳化液泵的故障率大大降低,确保乳化液泵使用寿命延长一年以上。

4. 经济效益预测

每年在每台泵上节约 2 次大修费用,仅配件费用可节约(我矿生产配置为两个工作面正常生产,每个工作面两台 BRW315/31.5 型乳化液泵)244000 元左右。

制冷机 PLC 隔离模块

1. 技术研发背景

我矿井下使用的制冷设备为德国进口设备,配件价格较高,配件购置周期较长(一般为 7 个月),而且设备个别配件不适应我矿井下的地质条件(温度系数较低),所以使用中经常出现配件损坏停机现象。为节约资金,确保设备的正常运行,对损坏的配件进行拆解分析,并找出了损坏原因,现将原来温度系数较低的配件更换为适合我矿地质条件的高温度系数的配件。

2. 技术原理

经过对损坏的配件进行拆解分析,找出了损坏原因,现将原来温度系数较低的配件,更换为适合我矿地质条件的高温度系数的配件。根据原理,对该种隔离模块进行了自制加工。目前已经有三块自制模块投入使用,一个多月来运行正常。

3. 创新点与实施效果

提高元件温度系数,更适应较高的温度环境。通过这次改造,可使我矿的制冷系统运行更加可靠,并且可以不再对外采购该种配件。

4. 经济效益预测

改进后,既节省了时间,又可为企业节约大量资金,每年按正常损坏 15 个配件计算,维修后可节约费用 $(4200-20) \times 15 = 62700$ 元。

钢轨搬运钳

1. 技术研发背景

目前,我矿井下采掘工作面钉轨道或者拆除轨道施工项目时,一般采取短距离人工肩扛运输钢轨。由于现场条件局限,这种运输方式容易造成挤手碰脚现象,对此研制了运输钢轨专用工具,不仅便于安全施工,而且提升了钢轨的装卸和搬运效率。

2. 装置研制

由于井下现场工作环境比较复杂,受空间限制,装卸及短距离运输钢轨只能采用比较原始的人工装卸方法。钢轨的装卸一般需要两人同时作业,经常出现钢轨转动、一头先着地等现象,极易出现安全事故,因此加工了如图1所示的搬运钳。

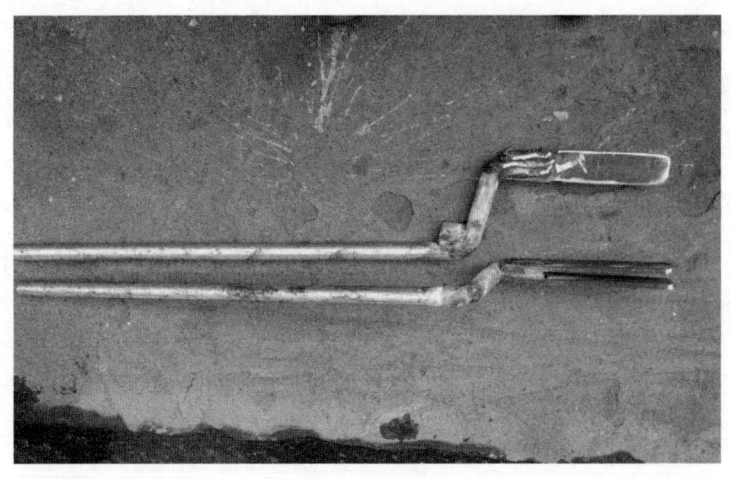

图1 搬运钳

3. 创新点与实施效果

研制和使用钢轨搬运钳,搬运钢轨可不直接用手,降低了安全风险。这种钢轨搬运钳一般是成组使用的,即两人站在钢轨的两端,一人手持一个钢轨搬运钳,用带有卡口的一端插入钢轨的腰部,另一端握在手中。这样在装卸及短距离运输钢轨时,任凭钢轨怎样转动都不会伤到身体,可以随意对钢轨进行搬运。使用钢轨搬运钳抬运钢轨,如图2所示。

图2 使用钢轨搬运钳抬运钢轨

4. 经济效益预测

(1) 钢轨搬运钳体积小,重量轻,携带方便。
(2) 钢轨搬运钳结构简单,便于焊接加工使用。
(3) 解决了装卸抬运钢轨时容易发生挤手碰脚等问题。
(4) 钢轨搬运钳比较实用,具有广泛的推广价值。

斜巷防超挂车组合控制装置

1. 技术研发背景

从井下斜巷的上部车场向下运输重车时,现场职工为了尽快完成运输任务,图省事,经常超过规定数量要求挂车,绞车过负荷运行容易造成列车放大滑,甚至跑车事故。针对上述问题,研制了斜巷防超挂车组合控制装置。

2. 技术原理

在斜巷绞车电控系统外围安装的斜巷防超挂车组合控制装置,分为两部分。一部分是车辆限位挡车装置,安装在距离斜巷上平台阻车器向后略大于一列车的位置,采用风控气缸开关。另一部分是斜巷绞车电控风控联动装置。利用限位挡车装置敞开信号闭锁上平台斜巷牵引绞车,即运输时如果超过规定数量挂车,限位挡车装置气缸动作,装置处于敞开状态,在电控风控联动装置内与之并联的控制气缸也同步动作,这样就可以将牵引绞车控制回路的常闭触点断开,绞车无法启动运行。只有减少挂车数量至规定数量以内时气缸动作,限位挡车装置才能闭合,与之同步的控制气缸也动作,牵引绞车控制回路的常闭触点复位,绞车才能启动运行,这样就能有效避免斜巷运输事故的发生。装置结构的主体部分,如图1所示。

3. 创新点与实施效果

(1) 降低安全风险。该创新办法完全利用技术手段解决安全难题。该装置不仅安全实用、耐用,而且动作灵敏、可靠,安全性能高,更加适应井下作业现场。

(2) 操作简单,维护工作量小,而且不另外增加现场操作工序。

(3) 投入研制成本低,该装置整套实物成本不足1000元,但能创造出与之相比高得多的安全效益。

4. 经济效益预测

该装置能够有效提高现场施工的安全性,降低现场作业的风险和安全成本。该系统结构简单,投入成本低,使用方便安全,是大斜巷安全高效运行行

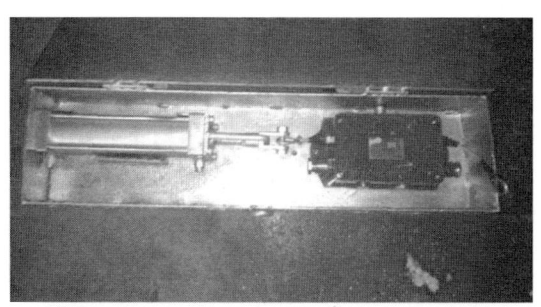

(a)

(b)

图 1 斜巷防超挂车组合控制装置

之有效的好办法,值得在矿井内推广。

液压支架立柱防护罩

1. 技术研发背景

我矿井下防尘水与顶板淋水碱性较高,对液压支架的金属部件腐蚀较大,容易造成立柱锈蚀损坏,对工作面安全生产不利。采用涂油防锈的方法处理效果不好,而且浪费工时。为解决这个问题,特制作了立柱防护罩。

2. 施工方法

按照立柱活塞的尺寸,采用防水防油的面料加工出可伸缩的防护罩(图1),裹在立柱活塞上,因其有伸缩性,不会被立柱升降损坏,始终能裹严实裸露的活塞,有效阻隔工作面防尘水喷到立柱上,防止立柱因见水锈蚀损坏。

图1 液压支架立柱防护罩

3. 创新点与实施效果

给易受顶板淋水腐蚀的支架立柱穿上"外衣",既起到保护作用,又不影响现场施工。

4. 经济效益预测

通过立柱裹外套的办法,立柱损坏数量大幅度降低,有效降低了备件和人工维护费用的投入,同时确保工作面支架初撑力满足现场需要。

工作面溜头处电缆保护装置

1. 技术研发背景

为防止工作面下出口溜头处的电缆受损,现场采用麻绳缠绕的方法来保护电缆。因麻绳的机械强度较低,在受到砸、拉、挤压等外力作用时易造成电缆损坏,影响工作面生产。

2. 改造方法

用钢板加工一套可以弯曲的电缆槽,电缆嵌在槽内,可以防止矸石等的撞击。同时在工作面推进过程中直接拉电缆槽,可避免电缆直接受外力作用,以达到更好的保护效果。现场图片如图1所示。

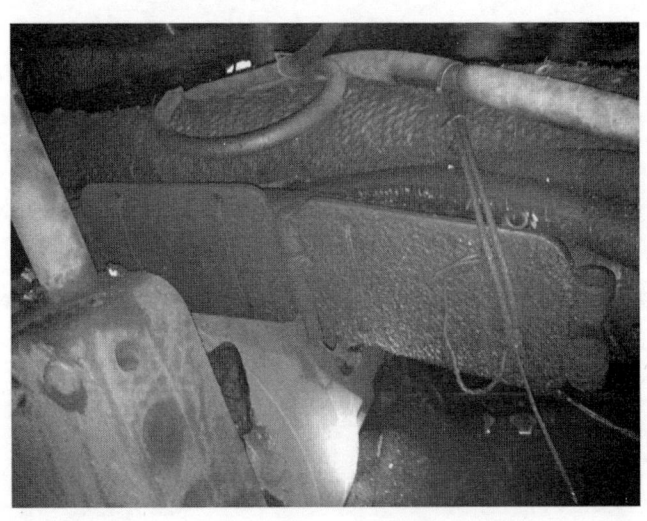

图1 电缆保护装置现场图片

3. 创新点与实施效果

工作面出口易受损的电缆增加一个防护外壳,减轻了该处电缆频繁受外力作用的影响,起到较好的防护效果。

4. 经济效益预测

通过给工作面下出口拐点处电缆增加防护外壳,工作面出口电缆不直接裸露,避免了直接受损伤,每月在此方面的事故下降80%以上。

井下监测监控系统备用电源电量指示装置

1. 技术研发背景

我矿井下使用的监测监控系统,因安装时没有备用电池电量显示装置,不符合矿井安全生产要求,需对该系统进行技术改造。

2. 技术原理

采用电量比较电路对电池进行全时段监测,并通过变色发光二极管进行显示,当电量充足时显示为白色,电量为60%时变为粉红色,电量下降到20%时变为红色,电量放完后完全熄灭,巡检人员可以通过观察窗直观看到电池电量情况。现自制加工出20套电量显示装置(图1)并对系统进行了技术改造,目前我矿监测监控系统基本符合要求。

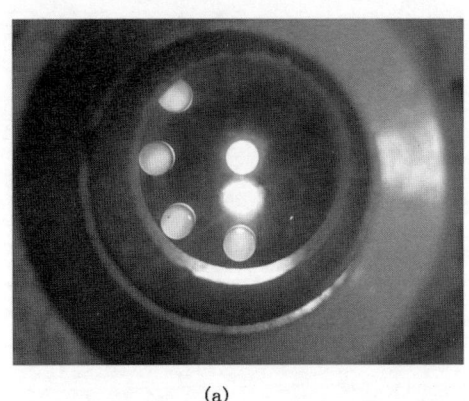
(a)

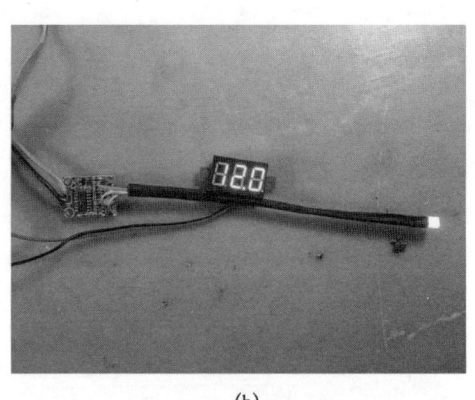
(b)

图1 监测监控系统备用电源电量指示装置

3. 创新点与实施效果

采用电量比较电路,通过发光二极管的颜色变化,可轻易辨别电池的电量。

4. 经济效益预测

通过技术改造,我矿在用的监测监控系统均符合安全生产的要求,直接为企业节约系统升级改造费用200万元。

矿井主要通风机振动报警装置

1. 技术研发背景

矿井主要通风机正常运转时是靠巡查的方式检查其工作状况,当主要通风机出现异常时,往往不能被及时发现,使处理难度加大,甚至发生事故。为此,研制了主要通风机振动报警装置。

2. 技术原理

主要通风机故障时,振动报警装置(图1)利用安装在通风机外壳上的震动传感器将震动信号收集后传给主控板,主控板通过分析震动信号的大小来对设备的运行状况进行分析,当震动信号突然加强时,主控板即可发出开关信号,使安装在值班室内的声光报警置发出报警信号,通知值班人员尽快处理,避免故障进一步扩大。

3. 创新点与实施效果

利用传感器、主控板监测和分析信号,对破坏性信号即时反馈,有利于对装备的及时保护。

4. 经济效益预测

通风机振动报警装置应用后,每当机体出现故障时,值班人员能够立即获得报警信号,并及时反馈给检修人员,在机器故障的萌芽状态就能解决掉相关故障,确保了设备可靠运行。

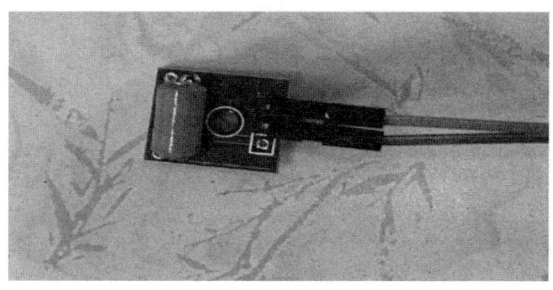

(a) 传感器

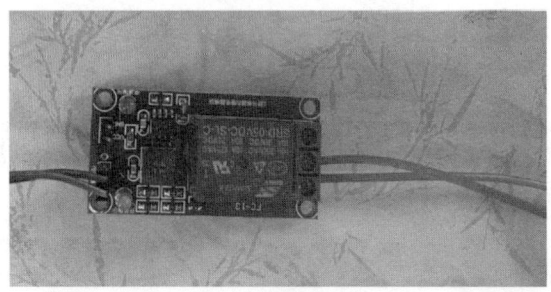

(b) 主控板

(c) 声光报警器

图 1 振动报警装置

压缩机过载过热保护电路

1. 技术研发背景

目前我矿在用的空调等制冷设备,所使用的压缩机一般只有过流保护和欠压保护,检修过程中发现很多压缩机损坏。为解决这个问题,在压缩机控制电路中加入一个过热保护装置,防止压缩机因过热而损坏。

2. 技术原理

本装置由一个温度过载保护器和压缩机控制电路组成,主要元件如图1所示。

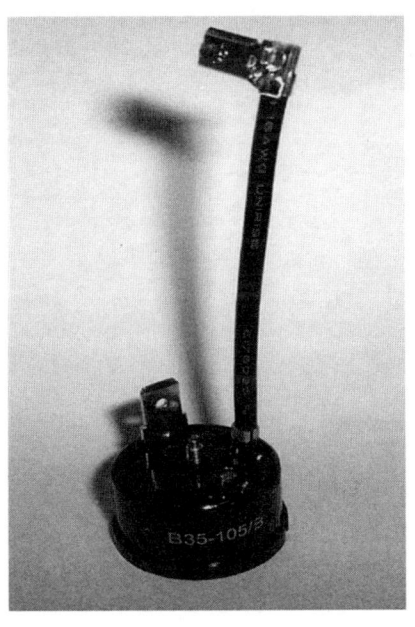

图1 压缩机过载过热保护装置

将保护器串联在压缩机运行电路中,并紧贴压缩机机体,当机体温度超过105 ℃或运行电流超过额定值20%时,保护器断开,切断电源,压缩机停止运行,当压缩机温度下降至80 ℃以下时,保护器自动复位,接通压缩机运行电路。

3. 创新点与实施效果

空调压缩机损坏主要是因为过热造成的,在压缩机电控回路增加一个过热保护装置,有针对性地解决了事故常发问题。

4. 经济效益预测

每个保护器的购买单价为 20 元,一台中型压缩机的购买单价为 3800 元,如果每台设备全部安装保护器,每年可以减少近 20 台压缩机的损坏,节约费用约 60000 元。

净水器加热器电子自动控制装置

1. 技术研发背景

我矿在用的净水器经常出现烧不开和烧开了不停机现象,给职工日常饮用水带来不便,设备中水温不能很直观看到。

2. 技术原理

我矿在用的净水设备中的温度控制部分,使用的加热控制器为双金属片机械式控制器,因控制精度不高,受天气气温变化因素影响较大,会因天气气温降低而降低加热温度,也就是烧不开水,如果温度调整过高就会出现一直加温而不停机的现象。这不仅浪费电能,而且加快加热元件的老化。为解决这个问题,我们利用电子温度传感器,配合单片机电路7552进行水温计算和检测,通过驱动一个小型继电器来控制加热管,并和数码管配合,时刻显示热水温度,如图1所示。

图1 净水器加热器电子自动控制装置

3. 创新点与实施效果

净水器加热器温控装置由不可靠的金属片机械式控制器,改为电子温度传感器配合单片机的控制模式,精密度高,控制效果好。

4. 经济效益预测

白天工作人员看到加热器没有停下时可以手动停止,如果在晚上没有人员在的时候,机器有可能会工作一个晚上,按每天 10 h 计算每天可节电 20 kW·h,每年每台机器可节约电量 7200 kW·h。

带式输送机电动机驱动硬连接

1. 设计背景

目前我矿井下在用的带式输送机电动机驱动一般采取液压联轴节进行软连接,联轴节损坏后不及时发现,电动机空运转造成无为电耗。

2. 技术改进

针对以上问题,对部分带式输送机电动机驱动采用硬连接(图1),可解决联轴节故障问题。但部件尺寸不吻合,不能直接安装,因此进行结构改进,给电动机装设假底,解决了设备备件的耦合问题。

图1 电动机驱动硬连接

3. 创新点与实施效果

给电动机装设假底,满足装置固定连接的尺寸,解决了设备备件的耦合问题。

4. 经济效益预测

(1)事故率明显下降,联轴节故障由每月一起降到一年以上一起。
(2)减少设备备件的损耗,每年每部带式输送机可节约费用2万多元。

输送带电缆沟加工模具

1. 技术研发背景

矿井利用废旧输送带加工电缆沟,节约了购置费用。为提高电缆沟的加工效率,制作了电缆沟加工模具,可以大大提高加工效率。

2. 设计原理

按照电缆沟的规格尺寸,利用胶合板加工成盒装模具,然后在模具上钻好钻孔,钻眼时可以一次装入 7 片电缆沟同时钻眼,安全高效,如图 1 所示。

图 1　输送带电缆沟加工模具

3. 创新点与实施效果

利用模具盒穿孔加工电缆沟,可一次加工多件,效率高。

4. 经济效益预测

通过使用电缆沟加工模具,加工工艺更加安全规范,有效避免了直接在输送带上钻眼时可能出现的打滑伤人现象,杜绝了残次品的出现,提高了工作效率和材料利用率,且加工出的电缆沟标准、美观。另外,工作效率提高 7 倍以上。

主井提升系统驱动模块保护电路

1. 设计研发背景

我矿提升系统使用可控硅移相调速系统,高电压大功率可控硅使用较多,价格昂贵,且可控硅的栅极对电压非常敏感,稍有过电压就会将调速模块烧坏,直接影响提升系统的可靠运行,从安全和经济上都会对矿井造成很大影响。针对这一问题,进行了技术改进。

2. 技术原理

原来的驱动电路输出级使用一个阻尼电阻和一个高频抗干扰电容对可控硅模块进行保护,优点是成本低,电路简单。缺点是影响驱动电路的输出功率,抗干扰能力较差,对于低频干扰几乎无能为力。现采用一个齐纳管和一个高频电容进行保护,齐纳管可以把驱动电压钳位在 2 V 以内(可控硅的驱动电压为 1.46 V,超过 2.5 V 在短时间内就会造成可控硅损坏),即不影响驱动电路的输出功率,又有很好的限幅能力,并对低频、高频干扰源都有效,配件价格略高于原来的保护电路。等效原理如图 1 所示,实物如图 2 所示。

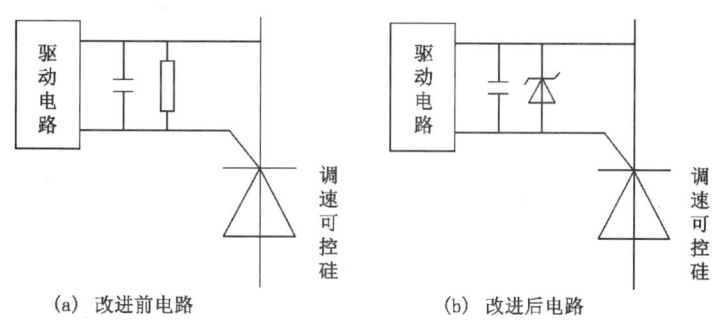

图 1　等效原理

3. 创新点与实施效果

通过技术手段优化电子电路,解决了控制电路因过电压引起的事故,提高了电控系统的可靠性。

图 2 实物图

4. 经济效益预测

每个模块驱动一个可控硅,只要有一个损坏,就会引起和其串联的另一个可控硅损坏。每个可控硅的单价为 2300 元,避免一次事故可节约资金 4600 元。

废旧 U 型钢棚的复用技术

1. 设计研发背景

由于每个巷道支护的参数规格等不同,回收上井的 U 型钢大部分都作为报废钢材出售,再利用率很低。通过对 U 型钢进行再加工,下井支护巷道,可以节约材料费用。

2. 设计原理

(1) 将上井的废旧 U 型钢挑拣出来,按照井下巷道支护的技术参数切割合适的长度。按照支护要求,画出设计图纸,用 $\phi 10$ mm 的钢筋焊接出 U 型架棚的模型,如图 1 所示。

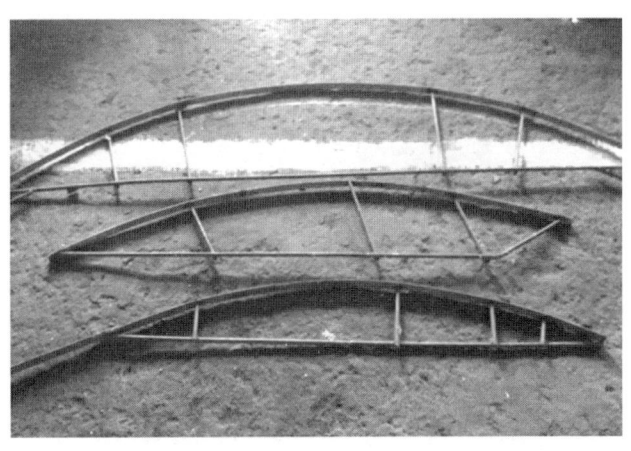

图 1　U 型架棚模型

(2) 将切割好的 U 型钢用压力机进行调整,对照模型压出相应的弧度,如图 2 所示。

3. 创新点与实施效果

利用模型法加工定型 U 型钢棚梁,确保尺寸符合使用要求。目前矿井拱形巷道特殊部位需要加固支护时均采用自制加工的 U 型钢棚梁。

图 2　将 U 型钢压出相应的弧度

4. 经济效益预测

（1）充分利用回收上井的废旧 U 型钢，实现材料的再利用。

（2）降低新材料费用，复用一套 U 型钢架棚可以节约材料费 5000 元。

支架侧护板平衡组件维修操作台设计

1. 技术研发背景

目前,我矿在用支架侧护板伸缩组件多因中间的小千斤顶失效而失去功能。拆除检修及修后组装全部采用人工,施工效率低。为此,设计制作了拆装平台。

2. 设计原理

侧护板伸缩组件中有一个 $\phi 14$ mm $\times 60$ mm $\times 763$ mm 的大型弹簧,单靠人力无法克服弹簧的推力来更换损坏的小液压顶,为解决这个难题设计制作了拆装平台。根据侧护板伸缩组件的结构尺寸,加工一个操作平台,利用液压顶和固定平台配合工作来完成侧护板伸缩组件的拆解和组装,同时在液压系统中加入液力锁,提高了系统的可靠性,使人员操作起来更加安全方便,结构如图1所示。

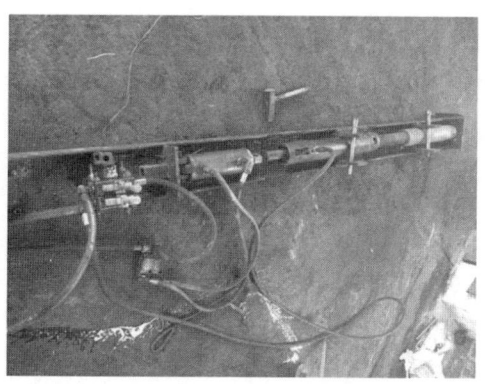

图1 支架侧护板平衡组件维修操作台

3. 创新点与实施效果

利用机械机构和稳固的操作平台检修支架侧护板伸缩组件,安全性能高,减轻了作业人员的劳动强度,而且效率明显提高。

4. 经济效益预测

采用原手工方法检修需要5人组合,每天检修组件数量为8件。采用研制的操作平台检修仅需要2人组合,每天检修组件数量为24件,施工效率明显提高。

井下用连锁道挡

1. 技术研发背景

目前,我矿井下使用的道挡为分体式,气缸安装困难,经常找不到安装固定点,安装后由于安装不牢固或安装方向误差较大,使用几次后就松动或脱落,给安全生产带来隐患。

2. 设计原理

利用废弃钢材下脚料加工气缸固定平台,对道挡控制部分进行改造,使控制部分与道挡自身成一体,气缸固定于道挡一端焊接的固定台上,气缸与道挡成为一体,找准气缸运行轨迹,确定控制道挡小连杆上端的连接孔位置,控制角度,使道挡良好起落,如图1所示。

图1 道挡改造后的实物

3. 创新点与实施效果

道挡与控制气缸固定在一起,提高了装置的稳定性及动作灵敏度,目前井下各斜巷均普及使用。

4. 经济效益预测

(1)为井下道挡安装统一化提供了标准。
(2)安装、拆除简便,减少了维护量。
(3)降低了配件损坏率,节约了成本。

输送带防跑偏装置

1. 技术研发背景

洗运科现有带式输送机 20 多部,多数使用纠偏器,该设备使用效果较好,但采购价格贵,为节省材料成本,进行输送带跑偏装置的研制。

2. 技术原理

当带式输送机运行输送带跑偏时,输送带边缘与检测传动轮接触,检测传动轮旋转并带动油泵输出压力油,压力油经油管进入油箱阀组,油箱阀组的阀组动作换向,换向后的压力油经油管到油缸,油缸动作带动调心托辊旋转,使托辊的线运动方向与输送带运行方向形成一个夹角,产生摩擦力驱动输送带,使输送带始终锁定在设定的范围内运行。根据每部输送带机架情况,加工相应尺寸的支撑架和传动轮的固定座,更换延长油管方便现场安装,从而避免输送带跑偏落料、停机、撕带,达到保护带式输送机的正常运行,装置如图 1 所示。

图 1 输送带防跑偏装置

3. 创新点与实施效果

自行研制的输送带纠偏装置,能达到购置产品的使用效果。

4. 经济效益预测

进行改造设计后,能够满足现场使用要求。改造成本排除外,每套装置可节约费用 1 万多元。

带式输送机无负荷自动停车技术

1. 技术研发背景

选煤厂带式输送机有 20 余部,由于各种因素在运行中存在无料时带式输送机不能及时停车空运转的现象,造成电力浪费和机械设备磨损。针对这一现象,进行了带式输送机无料自动停车技术课题研究。

2. 技术原理

设计一个电控装置,该装置采用单片机编程控制输送带的运行,利用接近开关监测输送带上的物料。当输送带上没有物料时,接近开关给单片机的 P0.1 口一个低电平,单片机开始倒计时延时(延时时间为 10~20 min,可调)并通过八位数码管显示,当超过延时设定时间时,自动报警 8 s 并停止带式输送机运行,如图 1 所示。

图 1 带式输送机无负荷自动停车技术

3. 创新点与实施效果

利用传感器(接近开关)给单片机信号传输,实现自动控制带式输送机的运行与停止。

4. 经济效益预测

以一部带式输送机的功率为 100 kW 计算,一天少运行 1 h,一年可节约电量 3.6×10^4 kW·h。

输送带自动点动启动装置

1. 技术研发背景

根据煤矿安全操作规程规定,带式输送机的启动操作必须先发信号,点动启动二次后再启车运行。然而在实际工作中由于操作人员的责任心不强,往往发完信号后不是先点动后启车,而是直接启动输送带,这就给带式输送机的安全运行构成隐患。针对这一问题采用单片机为控制核心制作完成了输送带自动启动装置,操作人员在现场只需按下启动按钮,控制器就会自动控制输送带点动两次并连续运行,实现了带式输送机的安全自动启动。

2. 设计原理

该启动装置采用89c52单片机作为控制核心,用C语言编程,带式输送机的启动和停止信号通过P1.0口和P3.2输入到单片机,单片机接收到信号后通过逻辑运算把结果通过P2.7、P2.3、P2.0端口输出,实现带式输送机的自动点动两次启动。装置电路如图1所示。

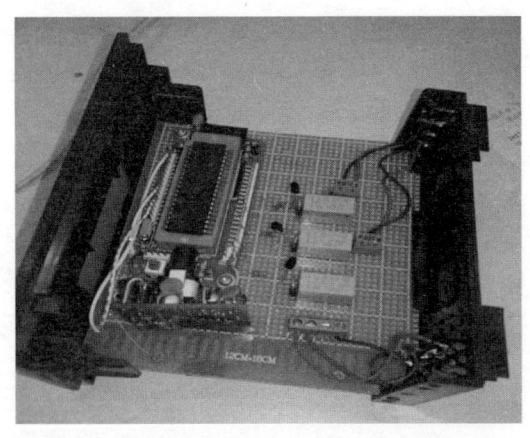

图1 装置电路

C语言部分控制程序如下:
```
#include <reg52.h>
#define uint unsigned int
uint i;
```

```
uint flag；
sbit key1＝P1^0；
sbit key2＝P3^2；
sbit qi＝P2^7；
sbit ting＝P2^3；
sbit fuwei＝P2^0；
void delay(uint ms)
```
（略）

3. 创新点与实施效果

利用单片机程序控制带式输送机的启动程序,杜绝人为因素带来的事故隐患。带式输送机启动装置的应用,从根本上解决了带式输送机的点动启动问题,不需要操作人员连续对启动、停止按钮的频繁操作,按动一次启动按钮输送带就能自动点动两次然后运行,实现了输送带的本质安全启动。

4. 经济效益预测

带式输送机电控系统的升级改造,实现了开机程序的自动控制,消除了事故隐患,事故率下降80％以上。

牵引钢丝绳自动注油机

1. 技术研发背景

我矿选煤厂火车发运站有两根直径为 32 mm 的牵引钢丝绳,长约 900 m,发运煤炭装火车时靠它来牵引火车装车。由于是露天作业,钢丝绳经常被风吹雨淋,造成钢丝绳锈蚀而损坏,每年都要更换两次钢丝绳。为了减少钢丝绳的锈蚀,制作了钢丝绳自动注油机。

2. 设计原理

该注油机由驱动部分、油泵和油箱三部分组成。当牵引钢丝绳运行时带动驱动轮旋转,驱动轮带动齿轮油泵把油箱内的机油注到钢丝绳上。实物如图 1 所示。

图 1 牵引钢丝绳自动注油机

3. 创新点与实施效果

钢丝绳、驱动轮、齿轮油泵形成一个闭合的系统,利用钢丝绳运行动能带动注油机进行自动注油。

4. 经济效益预测

钢丝绳自动注油后可以有效防止钢丝绳锈蚀,延长钢丝绳的使用寿命,每年可节约 8 万余元的材料费用。

输送带入料缓冲床

1. 技术研发背景

矿选煤厂 503 带式输送机承担着三产品旋流器分选出来矸石的运输任务,原先入料处采用的是缓冲托辊,来料量大时经常造成带式输送机跑偏,当带式输送机跑偏严重时会造成整个选煤系统紧急停车,给安全生产造成隐患。把缓冲托辊改为缓冲床后杜绝了带式输送机跑偏的隐患,节省了电力和介质的消耗。

2. 设计原理

把 503 带式输送机机尾的十余架缓冲托辊改装为六根缓冲条,即缓冲床结构(图1)。更换为缓冲床后加大了输送带的受力面积,从而减轻了受矸石冲击力,减少了输送带的损坏。缓冲托辊原先的包角为 30°,而缓冲床的包角改为 35°,输送带的包角增加后改善了带式输送机的运行状况,从而保证了带式输送机的正常安全运行。

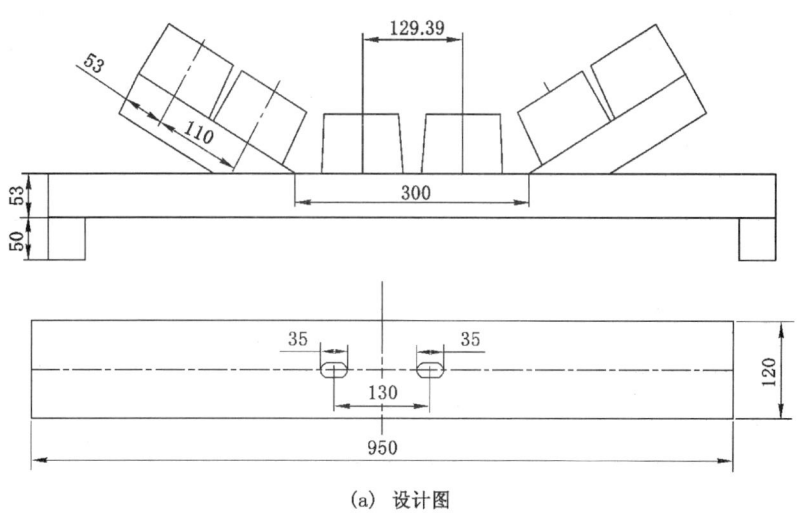

(a) 设计图

(b) 实物图

图 1　输送带入料缓冲床的改造

3. 创新点与实施效果

将带式输送机转载点输送带与机架的有线接触改为曲面接触,能有效减轻煤与矸石对输送带的冲击破坏,延长了设备的使用寿命,确保了洗运安全生产。

4. 经济效益预测

将缓冲托辊改为缓冲床后杜绝了输送带的跑偏现象,同时减弱了转载矸石对输送带的破坏性冲击,每条输送带的平均使用寿命延长了 60 多天,为企业节约购置费用 20 多万元。

矿用采煤机遥控器电路板的防水处理

1. 设计背景

为确保安全生产,提高修旧利废成效,对故障率高且购置成本高的采煤机遥控器进行维修改进。

2. 技术原理

目前我矿使用的采煤机均为 MG300/700-QWD 型煤机,遥控器型号为 FYF35CB。因我矿井下地质条件等因素的影响,采煤工作面地温高,工作面上下出口之间的温差也较大,且顶板淋水、防尘水等水质很差,一旦有水进入到遥控器内,对电子线路板的腐蚀非常严重,并会直接导致遥控器电路板报废。本项目的原理为,将受到侵蚀但还可以修复的电路板进行彻底清洗后使其处于密封状态,从而解决因进水引起的遥控器损坏。

采用无干扰、无腐蚀、无污染、密封性能好的硅橡胶对线路板进行浇灌,使线路板处于密封状态,即使有水进入也不会对线路板造成伤害,彻底解决因进水而引起的遥控器损坏事故。

因进水而被腐蚀损坏的电路板如图 1 所示。

图 1　因进水而被腐蚀损坏的电路板

采用硅橡胶浇灌过的线路板如图 2 所示。

图 2　采用硅橡胶浇灌过的线路板

3. 创新点与实施效果

采用无干扰、无腐蚀、无污染、密封性能好的硅橡胶对线路板进行浇灌,使线路板处于密封状态,能有效隔开湿热空气与电气元件的接触。利用这种方法改进的遥控器,在井下多个采煤工作面使用几个月来,再没有因进水引起的遥控器电路板报废的现象。

4. 经济效益预测

FYF35CB 型遥控器采购单价为 13000 元,每台维修费用为 65 元,每年检修 12 台遥控器,可以节约约 154800 元。

法兰盘焊接专用模具

1. 技术研发背景

目前,钢管焊接法兰盘一般是丈量钢管的尺寸后,采用棉绳、粉笔等画出截割圆形轮廓线,按线截割后进行法兰盘焊接。焊接过程中人工要不断用直角拐尺测量法兰盘是否与钢管垂直,从而确保焊接的管路在连接时接头密闭效果达到要求。该工序比较烦琐,而且容易造成焊接尺寸的偏差。

2. 设计原理

针对以上情况研制了一种法兰盘焊接专用模具,该装置分两部分。一是与焊接法兰盘尺寸相同的模具盘,其下端按内圆尺寸敞开。二是与模具盘焊接在一起的平衡尺,两部分连接的两视图如图1所示。

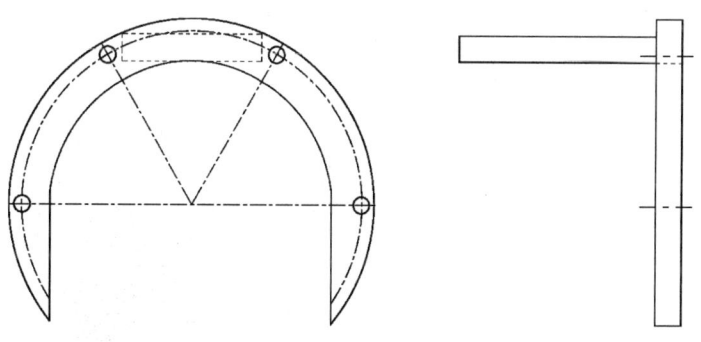

图1 专用模具结构示意图

模具盘与平衡尺连接时要相互垂直,平衡尺的下平面与模具盘内圆的顶点保持一个水平面。装置实物如图2所示。

(1) 钢管截割。用尺子丈量出所需长度后,将专用模具卡在钢管上,其端面与截割位置一致,用粉笔沿模具内圆轮廓线画截割线条,等待截割(图3)。

(2) 将专用模具卡在钢管的截割位置,再将待焊接的法兰盘套在模具前端的钢管上,紧靠模具盘,这样既能保持法兰盘与钢管垂直,又能使得钢管口与待焊接的法兰盘前端面一起,然后进行焊接施工(图4)。

图 2 模具盘与平衡尺连接实物

图 3 钢管截割

3. 实施效果

（1）在钢管上画出的截割轮廓线更加准确，对钢管的截割及对法兰盘的焊接精度更高。

（2）与常规的施工相比，工序优化用时少，效率高。

（3）整个施工过程只需要一个人就能准确完成，工效高。

图 4　法兰盘焊接

第二部分

技术专利

自动关闭式溜煤装置

1. 技术领域

本实用新型专利涉及煤矿设备制造领域,具体涉及一种自动关闭式溜煤装置。

2. 技术背景

目前,在矿井巷道掘进过程中,为了保证生产作业的连续性,常常会考虑设置溜煤眼用来连通相连的且位于不同水平高度的巷道,从而将位于上方巷道中的煤下放到下方巷道中,方便最终输出至井上,并且,在溜煤眼的末端还设有供煤流出的溜煤装置,以控制煤的流量,从而保证下方巷道的安全性。

煤炭经过上方巷道的刮板输送机,经溜煤眼落入下方巷道的输送带上。然而,由于上方巷道和下方巷道分别作为回风巷和进风巷,风流会通过溜煤眼直接进入回风巷,从而形成风流短路,产生漏风的现象,造成工作面风量减少和损失浪费,影响矿井的安全生产效率。

然而,现有的溜煤装置复杂,生产成本高,且会发生煤炭阻塞在溜煤装置中的现象,从而增加了人工疏通的过程,增加了人力成本。

3. 专利内容

针对上述问题,本实用新型提供一种自动关闭式溜煤装置,不仅可减少在使用过程中的漏风现象,提高矿井的安全生产效率,而且不会产生煤炭阻塞在溜煤装置内的现象,减少人工疏通的过程,节省人力;该装置结构简单,生产成本低,使用方便安全。

为实现上述目的,自动关闭式溜煤装置包括侧壁Ⅰ、侧壁Ⅱ、侧壁Ⅲ、侧壁Ⅳ和自溜底斜面,侧壁Ⅰ、侧壁Ⅱ、侧壁Ⅲ和侧壁Ⅳ围成了供煤料流出的通道和供煤料流入通道的开口;侧壁Ⅳ的下端设有供煤料漏出的出口;自溜底斜面将溜煤装置底部除出口外的部分密封;自溜底斜面与侧壁Ⅳ所成的角度为10°～80°;出口处还设置有挡板,挡板通过位于出口端缘的转动销轴与侧壁Ⅳ铰接,且挡板在自重及溜煤装置的内外空气压力差的作用下覆盖住出口。

作为本实用新型专利的进一步改进方案,挡板与出口的形状相匹配,且挡板包括刚性框架及固定设置在刚性框架上的橡胶垫片。

本实用新型专利提供的自动关闭式溜煤装置,可以在溜煤眼没有煤料排出时通过挡板覆盖住出口,保证溜煤装置在不出煤料时处于密封状态,防止因上方巷道和下方巷道之间的风流短路或压力差异而产生漏风现象;当溜煤眼排出煤料时,煤料可溜至溜煤装置的出口并推动挡板向外翻开,从而使煤料顺利漏出,保证了溜煤装置的正常溜煤功能;该溜煤装置由于开口较大,且入口和出口的开口大小一致,因此不会产生煤炭阻塞在溜煤装置内的现象,从而减少了人工疏通的过程,节省了人力成本;本实用新型结构简单,生产成本低,使用方便安全。

4. 附图说明

图1是本实用新型专利的整体示意图;图2是图1的侧面图,图中1为侧壁Ⅰ,2为侧壁Ⅱ,3为侧壁Ⅲ,4为侧壁Ⅳ,5为自溜底斜面,6为开口,7为出口,8为挡板,9为转动销轴。

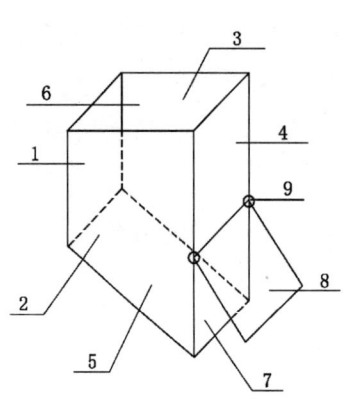 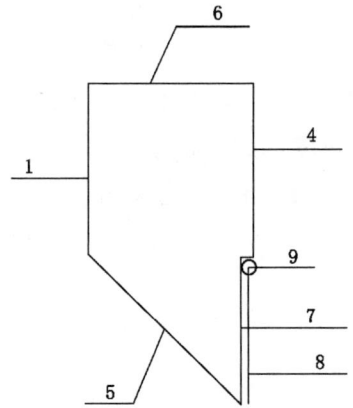

图1 自动关闭式溜煤装置整体示意图　　图2 自动关闭式溜煤装置侧面图

轻型掩护式临时支护设施

1. 技术领域

本实用新型专利涉及煤矿掘进巷道临时支护技术领域,尤其涉及炮掘巷道空间小、施工工艺复杂、顶板破碎难以控制的领域。

2. 技术背景

锚杆支护掘进工作面,临时支护是必不可少的重要施工环节。顶板管理实施细则规定:掘进工作面到永久支护之间必须使用临时支架,或金属前探支架,严禁空顶作业。

3. 专利内容

该装置主要由护顶栏、铰接四连杆机构和手拉葫芦三部分组成。护顶栏、铰接四连杆机构采用钢管加工,轻便且结构简单,安装和操作方便。解决掘进施工中临时支护设施轻便、前探方便、便于安装和拆除、控顶及时,降低职工劳动强度,提高工效。实现临时支护,避免空顶作业。

1)装置特点

(1)装置在现场的适应性强。该装置是通过操作铰接四连杆机构的运动状态,实现临时护顶目的的。本方案的撅顶机构是由铰接四连杆组件和护顶栏组成,通过手拉葫芦控制该机构的运动状态,从而实现护顶撅顶。当护顶栏升到顶板后,人工继续操作手拉葫芦,其拉力通过四连杆机构传递到迎头空顶区的顶板,给顶板一个初撑力。

(2)护顶面积大,施工人员有更加宽敞的安全操作空间。

(3)结构简单,操作方便。主要表现为 3 点:① 设计的护顶栏采用 $\phi 18.5$ mm 钢管和 $\phi 10$ mm 钢筋加工,重量约 20 kg,便于搬运、安装和使用;② 护顶栏采取吊挂旋转的方式护顶,操作简单;③ 在护顶栏上布置钢带挂钩,挂钩到护顶栏吊挂侧的设计长度为一个锚杆的排距,将钢带、金属网挂在挂钩上随护顶栏旋转到顶板后,在钢带孔内直接打锚杆支护顶板,便于控制锚杆排距。

2)工作原理

护顶栏示意图如图1所示,临时支护两视图如图2所示。

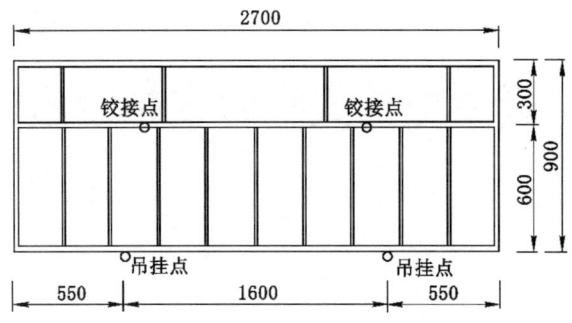

图1 护顶栏示意图

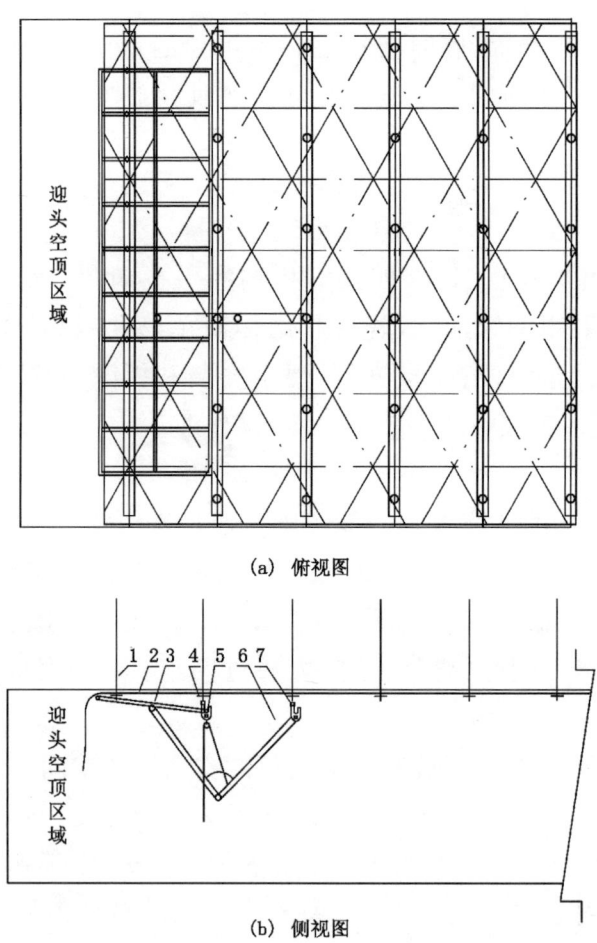

1—锚杆;2—金属网;3—护顶栏;4—钢带;5—手拉葫芦;6—连杆;7—吊挂钩

图2 临时支护两视图

(1)护顶栏吊挂在吊环上,连网,把钢带挂在护顶栏的小钩上,将连杆组件与护顶栏铰接在一起,如图 3 所示。

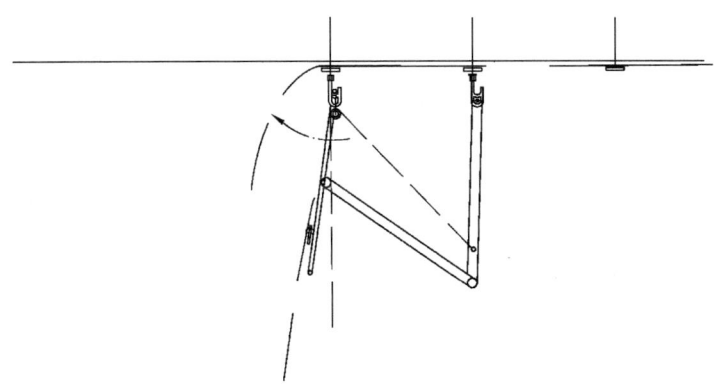

图 3　连杆组件与护顶栏铰接

(2)人工操作手拉葫芦,控制铰接四连杆机构,使护顶栏带着钢带及金属网一起作如图 4 旋转,直到贴紧顶板为止。

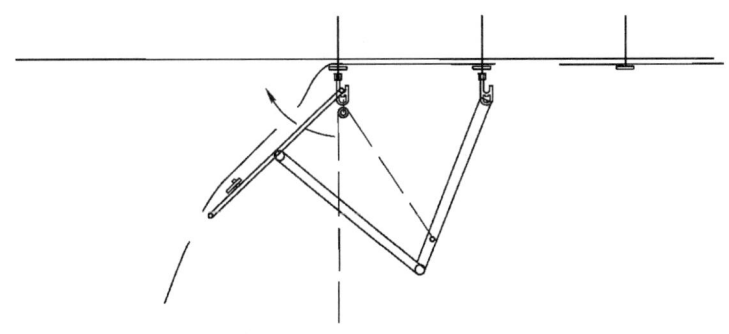

图 4　护顶栏旋转

(3)护顶栏贴紧顶板后,使用锚杆机进行锚杆支护,如图 5 所示。

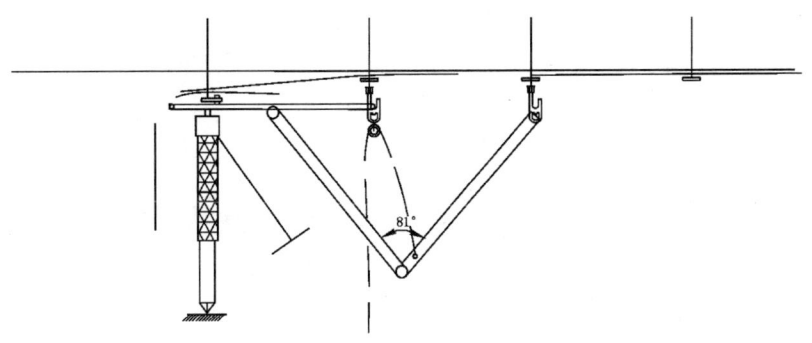

图 5　锚杆机锚杆支护

4. 实施效果

目前,国内煤矿各掘进工作面使用的临时支护设施多为悬吊式撅顶道和安全点柱。撅顶道一般采用 $\phi 57\ mm \times 3500\ mm$ 钢管加工,虽然结构简单,使用也不复杂,但在上、下山掘进时移动不方便,顶板破碎或顶板不平整时使用效果不好。主要表现为撅顶道撅不到顶板或因顶板起伏造成撅顶道前移不及时等;安全点柱笨重,控顶面积小,整体性不好,通常也起不到临时支护的作用,不利于安全生产。研制的轻型掩护式临时支护设施不仅能起到临时支护顶板的作用,而且具有控顶面积大、结构简单、操作方便等特点,改善了掘进工作面的作业环境,从而有效避免了顶板事故的发生。临时支护设施在模拟巷道的工作照片如图 6 和图 7 所示。

图 6 临时支护设施安装初始状态照片

图 7 临时支护设施支护顶板状态照片

喷浆机速凝剂自动添加装置

1. 技术领域

本实用新型专利涉及煤矿设备制造领域,具体涉及一种喷浆机速凝剂自动添加装置。

2. 技术背景

目前,矿井巷道掘进过程中为保证巷道的施工质量和服务年限,爆破落岩后先锚杆支护,再进行喷浆覆盖。喷浆工艺中浆体成分除混凝土外还添加一部分速凝剂,目的是促使喷到巷帮的浆体快速凝固。研制的速凝剂自动添加装置能够与在用的喷浆机耦合匹配,喷浆过程中不需专人看管,从而提高工程效率。

然而,现有的喷浆施工工序中,靠专人向喷浆机中添加速凝剂,劳动效率低,而且添加不均匀,造成喷浆过程中回弹料多,喷浆体凝固后强度不匀,浪费材料,增加人力成本。

3. 专利内容

针对上述问题,本实用新型提供一种喷浆机速凝剂自动添加装置,不仅可节省材料,保证喷浆质量,提高矿井的安全生产效率,而且不用专人管理,节约人力资源;该装置结构简单,生产成本低,使用方便安全。

喷浆机速凝剂自动添加装置包括侧料槽Ⅰ、下料管Ⅱ、供料调节阀Ⅲ、压风调节阀Ⅳ、进风管、出料管和支撑架(图1)。料槽Ⅰ盛装粉状速凝剂;下料管Ⅱ、供料调节阀Ⅲ是速凝剂供给的封闭管路及量控制装置;压风调节阀Ⅳ、进风管是压风通道和调节阀,将从下料管Ⅱ下落的粉状速凝剂吹向出料管;出料管通向喷浆机上口,出料管向下弯的出口直接正对喷浆机上口。

为了使出料管喷出的粉状速凝剂不扬尘,在出口处扎一个桶装布袋效果更好。料槽Ⅰ与下料管Ⅱ采用螺纹连接,便于挪运与安装。

喷浆作业前,在料槽内预先盛撞粉状速凝剂,喷浆时将供料调节阀打开,将压风调节阀打开并调整出风适当,满足速凝剂配比适当。料槽内速凝剂漏空前,根据生产进步及时补加。完工或者暂时停机不喷浆时,只需将压风调节阀关闭,以免材料浪费。施工过程不需安置专人。

管理由喷浆机司机兼管,从而节省了人力成本;提高施工质量好效率,节约材料明显;本实用新型结构简单,生产成本低,使用方便安全。

4. 附图说明

为了使出料管喷出的粉状速凝剂不扬尘,在出口处扎一个桶装布袋效果更好。料槽与下料管采用螺纹连接,便于挪运与安装,如图1所示。

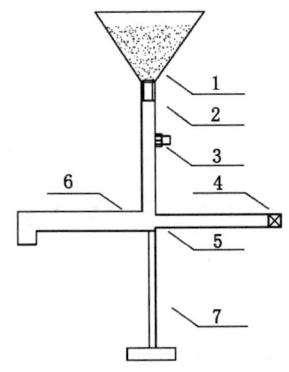

1—料槽;2—下料管;3—供料调节阀;4—压风调节阀Ⅳ;5—进风管;6—出料管;7—支撑架

图1 喷浆机速凝剂自动添加装置

一种化学高效水炮泥

1. 技术领域

本专利涉及炮掘巷道炮烟治理的技术领域,具体涉及一种化学高效水炮泥。

2. 技术背景

目前,矿山岩石巷道仍以钻眼爆破法施工为主。由于爆破工艺技术差异,由此造成的爆破事故和由爆破引起的瓦斯、煤尘爆炸事故的比例仍居高不下,是煤矿引起重大安全事故的主要因素之一。其中炮孔封堵不良引起的事故占到25%以上,因此研究合理的封堵方法和使用新型水炮泥替代传统水炮泥是解决爆破事故的重要手段。

水炮泥的作用有二,一是炸药爆炸后,水炮泥在爆炸气体的冲击作用下能形成一层水幕,起到降低爆温、缩短爆炸火焰延续时间的作用,从而减少了引爆瓦斯煤层的可能性,有利于安全生产;二是水炮泥破裂后形成的水幕有降尘和吸收炮烟中有害气体的作用,有利于改善劳动条件。

岩石巷道掘进中,全断面一次爆破所装的炸药量多,从而产生的炮烟有毒气体浓度大、烟雾大且粉尘大,严重危害作业人员的身体健康。目前,传统的水炮泥外包装膜是用普通的聚乙烯膜制作而成,内部充满水。用传统的水炮泥封堵炮孔时,由于传统的水炮泥只含一定量的水,所以能溶解的有毒气体的比重小,且消焰和降尘的效果也不佳。另外,由于传统的水炮泥所用包装膜的强度和密度较小,强度低,伸长率较高,包装膜易变形和渗水,变性后与炮孔壁不能充分接触,起不到良好的封堵作用和提高爆破落煤的效果,爆破作业中基本不能起到消焰作用。因此,开发一种消烟、消焰、抑尘和去除有毒气体效果好的化学高效水炮泥具有十分重要的意义。

3. 专利内容

本专利的目的在于提供一种化学高效水炮泥,该水炮泥溶解有毒气体,消烟、消焰和抑尘效果都好,广泛适用于巷道空间小、风速慢、有毒有害气体难以稀释的领域。

化学高效水炮泥,包括外包装膜和密封于外包装膜内的液体,其中液体由以下组分制成:消烟剂(6%～8%)、消焰剂(6%～9%)、发泡剂(5%～7%)、洗涤剂(6%～7%)、抑尘剂(7%～9%)和水(60%～70%);消烟剂的主要成分为碳酸钠、碳酸氢钠、磷酸钠和水玻璃的混合物;消焰剂的主要成分为硫酸钾、硝酸钾、氯化钠和氯化钾的混合物;发泡剂的主要成分为亚硝酸钠和/或亚硝酸钾;洗涤剂的主要成分为十二烷基苯磺酸钠;抑尘剂的主要成分为水溶性高分子、丙三醇和氯化钙的混合物。

优选的液体由以下组分制成:消烟剂(7%)、消焰剂(8%)、发泡剂(6%)、洗涤剂(6%)、抑尘剂(8%)和水(65%)。

优选的消烟剂由以下组分制成:碳酸钠(20%～40%)、碳酸氢钠(60%～80%)、磷酸钠(20%～30%)和水玻璃(10%～20%)。

优选的消焰剂以下组分制成:硫酸钾(20%～30%)、硝酸钾(10%～20%)、氯化钠(40%～50%)和氯化钾(30%～40%)。

优选的发泡剂由以下组分制成:亚硝酸钠(20%～40%),亚硝酸钾(60%～80%)。

优选的抑尘剂由以下组分制成:水溶性高分子(0.2%～0.3%)、丙三醇(1%～2%)和氯化钙(1%～3%)的混合物。

优选的外包装膜为PE干式复合膜。

本专利的有益效果是:通过在水中加入的消烟剂呈碱性,消烟剂能中和去除掉那些呈酸性的有毒气体(CO、NO_2、H_2S、SO_2),从而使得水炮泥的消烟和去除有毒气体的效果更好;通过在水中加入消焰剂,使得水炮泥降温和消焰效果更好;通过在水中加入发泡剂,由于发泡剂可以产生一定量的气泡,并且气泡的主要成分为惰性气体(不会助燃),能使水炮泥保持更加坚挺的状态,使炮孔封堵更加优良,降低事故的发生率;通过在水中加入洗涤剂和抑尘剂,洗涤剂的主要成分为表面活性剂,表面活性剂能够降低水的表面张力,将洗涤剂和抑尘剂结合使用,能够达到高效降尘的效果;外包装膜采用市售的高强度、高密度的PE干式复合膜,使水炮泥不易变形,封装更加严密,外表光滑,易于填装;本发明降温、降尘和去除有毒气体效果好,且成本低,广泛适用于巷道空间小、风速慢,有毒有害气体难以稀释的领域。

4. 附图说明

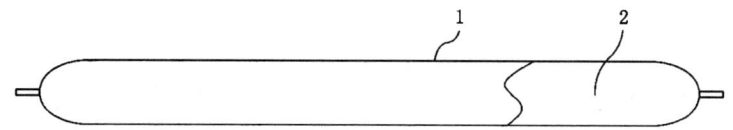

1—外包装膜；2—液体

图 1　水炮泥

采空区高压泄水孔自动透孔系统

1. 技术领域

本实用新型专利涉及一种采空区高压泄水孔自动透孔系统,属于煤矿施工领域。

2. 技术背景

井下采煤过程中,随着矿井采煤工作面向深部延深,地质水文条件逐渐变得复杂。由于工作面接替,沿空采掘施工比较常见,因此沿老空探放水工作就很重要。目前采用的方式是利用采空区高压泄水孔放水。在放水过程中,老空内矿渣会随水流冲向泄水孔,容易造成泄水孔堵塞,影响放水进度。

为了防止泄水孔堵塞,一般煤矿采取钻机配合人工的办法进行透孔,这种沿袭下来的办法存在多种缺陷:一是安全风险大,衔接钻杆或退钻杆时,钻杆容易被孔内高压水顶出,酿成安全事故;二是施工效率低,每一个约 30 m 的钻孔大约需要 24 h 才能完成透孔工作;三是占用人员多,每一次透孔工作需要 12 个零活工才能完成;四是透孔质量差,工人操作钻机透孔,钻杆只能有效地在泄水孔内往复进行扫孔,钻杆退出,老空内的泥渣很快又涌入泄水孔内,造成透孔工序很频繁费力。

3. 专利内容

针对上述存在的问题,本实用新型的目的是提供一种能够保证施工安全、施工效率高、节约劳动力、透孔质量高的采空区高压泄水孔自动透孔系统。

为实现上述目的,采空区高压泄水孔自动透孔系统,包括采空区高压泄水孔。采空区高压泄水孔开设在煤柱上,采空区高压泄水孔一端连接老空垮落区,另一端分别连通出水通路和进水通路。出水通路上设有阀闸Ⅰ,进水通路上设有阀闸Ⅱ,出水通路另一端输出至水仓,水仓的出水口通过排水装置分别连接进水通路的另一端和水仓排水通路,水仓排水通路上设有阀闸Ⅲ。

优选的采空区高压泄水孔孔深 30 m,排水装置为高压排水泵。

本实用新型专利与现有技术相比,经实地操作检验,具有以下优点:

(1) 降低安全风险。不需要人员直接操作钻机设备,也不需要人员与高压水接触,因而不存在安全问题。

(2) 操作简单,施工效率高。采空区高压泄水孔孔深 30 m,只需 5 min 时间可以向泄水孔内注入两次高压水,使排水量由 40 m³/h 瞬间增大到 90 m³/h 以上。

(3) 减少了用工,提高功效。利用该系统透孔,整个透孔施工过程仅仅需要现场排水工一人通过开关三个闸阀、开关排水泵即可随机完成任务。

(4) 施工质量高。目前老空水头高度低于 10 m,开启泵头压力为 1 MPa 的 75 kW 排水泵约 1 min 时间后,孔内水压迅速上升到 44 m 水头高度,然后降至 20 m 水头高度稳定下来,说明向采空区高压泄水孔内所注入的高压水除冲洗采空区高压泄水孔外,还流向老空垮落区,并对老空裂隙的涌水通道进行了冲洗。因此透孔后向外排水时,开始流出来的污浊水内含有大量泥沙、炭块等,一次透孔循环后,老空 90 m³/h 的排水流量能保持一周时间。

4. 附图说明

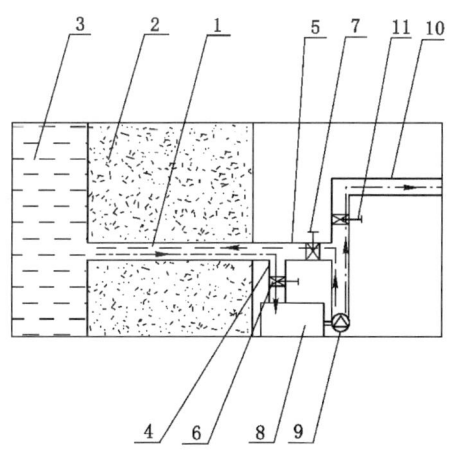

1—采空区高压泄水孔;2—煤柱;3—老空垮落区;4—出水通路;5—进水通路;6—阀闸Ⅰ;
7—阀闸Ⅱ;8—水仓;9—排水装置;10—排水通路;11—阀闸Ⅲ

图 1 采空区高压泄水孔自动透孔系统

5. 实施方式

在正常排水时,打开出水通路上的阀闸Ⅰ和水仓排水通路上的阀闸Ⅲ,关闭阀闸Ⅱ,老空垮落区中的水即可通过采空区高压泄水孔排出,经出水通路进入水仓,打开排水装置即可将水仓中的水经水仓排水通路排出;当老空垮落区内的矿渣随水流冲向采空区高压泄水孔,造成采空区高压泄水孔堵塞时,关闭阀闸Ⅰ和阀闸Ⅲ,同时打开进水通路上的阀闸Ⅱ,打开排水装置,高压水即可经进水通路注入采空区高压泄水孔,在短时间内即可将采空区高压泄水孔中堵塞的煤渣冲开,瞬间提升排水量,保证正常排水效果。

一种降低劣质煤泥中灰分的方法

1. 技术领域

本专利涉及煤炭加工技术领域,具体涉及一种降低劣质煤泥中灰分的方法。

2. 技术背景

煤中灰分是煤炭计价指标之一。在灰分计价中,灰分是计价的基础指标;在发热量计价中,灰分是计价的辅助指标。灰分是煤中的有害物质,同样影响煤的使用、运输和储存。煤用作动力燃料时,灰分增加,煤中可燃物质含量相对减少,煤中矿物质燃烧灰化时要吸收热量,大量排渣带走热量,因而降低了煤的发热量,从而影响锅炉操作(如易结渣和熄火),进而加剧设备磨损和增加排渣量。煤用于炼焦时灰分增加,焦炭灰分也随之增加,从而降低了高炉的利用系数。另外,煤中灰分增加了无效运输,加剧了我国铁路运输的紧张。

然而,目前很多选煤厂选出的副产品——煤泥的灰分都较高,灰分含量占35%~40%,其热值较低,一般才达到13~14 MJ/kg,以致其不能有效地利用于工业领域。因此,寻求一种有效地降低煤中灰分的方法具有极大地意义。

目前,降低煤中灰分的方法主要包括物理选煤(选矿)方法和化学选煤(选矿)方法。物理选煤(选矿)方法包括筛分、破碎、选煤、脱介质等步骤,采用该方法不仅烦琐,需要配备大型的加工设备,增加了工艺成本,而且煤中灰分的降低效果也不佳;化学选煤(选矿)方法是通过化学药品来达到脱灰的目的,该过程中对化学反应条件和反应设备要求较高,且化学药品昂贵,增加了工艺成本,另外,采用该方法对环境会造成一定的污染。

3. 专利内容

本专利的目的在于提供一种降低劣质煤泥中灰分的方法,该方法能很大程度地降低灰分和生产成本,且对环境不会造成污染,可广泛适用于高灰分煤矿中。具体步骤如下:

(1)选择一块向阳、排水性能好的土壤作为种植地,将高灰分煤泥摊平到土壤表层,所述摊平后的高灰分煤泥的厚度为5~15 cm,并将上述煤泥锄松后洒水。

(2) 精选植物种子进行去菌脱毒处理,然后用清水浸泡 12～15 h,并催芽 1～2 d。

(3) 将步骤(1)中的煤泥进行开沟后,将上述催芽过的种子进行播种,播种行的行宽 30～50 cm,每 2～3 d 洒水一次,培养温度为 25～30 ℃,待发芽后再继续培养 1～2 个月,培养期间对高灰分煤泥进行定期取样检测。

(4) 将上述芽苗全部拔掉,筛出芽苗根系,并洒水保养 1 d。

(5) 通过随机抽样方法对步骤(4)中煤泥进行化验分析。优选的步骤(3)中的培养温度为 28 ℃,步骤(2)中的种子为草坪种子或豆类种子。

本专利采用种植植物来降低煤泥中的灰分,煤泥中灰分来源于矿物质,而矿物质是植物生长过程中的必需条件之一,因此在植物生长过程中会消耗煤泥中的矿物质成分,从而降低煤泥中的灰分含量,有效提高了煤泥的发热量,满足煤泥直接作为动力燃料的要求。同时,植物在生长期间,根系的生化反应会吸收煤泥中的部分硫元素,从而降低煤泥的含硫量,益于环保。本专利操作简单,成本低,效果明显,且对环境不会造成污染,可广泛适用于高灰分煤矿中。

4. 实施方式

以下结合实施例对本专利作进一步详细说明。

实施例一:

(1) 通过随机抽样方法从一堆高灰分煤泥中采集 3 个等量的随机样品进行化验,通过 3 组化验数据得到平均值,即灰分为 37.63%,发热量为 13.63 MJ/kg。

(2) 选择一块向阳、排水性能好的土壤作为种植地,将高灰分煤泥摊平到土壤表层,所述摊平后的高灰分煤泥的厚度为 10 cm,并将上述煤泥锄松后洒水。

(3) 精选植物种子进行去菌脱毒处理,然后用清水浸泡 12～15 h,并催芽 1～2 d,为了充分利用资源,本实施例选用草坪种子作为培养对象。

(4) 将步骤(2)中的煤泥进行开沟后,将上述催芽过的种子进行播种,播种行的行宽 30～50 cm,每 2～3 d 洒水一次;为了使草坪种子有个适宜的生长环境,培养温度为 28 ℃,待发芽后再继续培养 1～2 个月,培养期间对高灰分煤泥进行定期取样检测。

(5) 将种植地内的草坪全部拔掉,然后将拔掉草坪后的煤样筛出芽苗根系,并洒水保养 1 d。

(6) 通过随机抽样方法从步骤(5)的煤泥中采集 3 个等量的随机样品进行化验,通过 3 组化验数据得到平均值,即灰分为 33.11%,发热量为 16.15 MJ/kg。

本次煤泥的灰分降低了 12.0%,热值(16.15 MJ/kg)提高了 18.1%,煤泥可直接作为动力燃料的要求。

本方法也能降低煤泥中的含硫量,初始煤泥含硫量为0.98%,通过上述方法处理后含硫量为0.88%,与初始煤泥相比降低了10.2%,益于环保。

实施例二:

(1) 通过随机抽样方法从一堆高灰分煤泥中采集3个等量的随机样品进行化验,通过3组化验数据得到平均值,即灰分为37.63%,发热量为13.63 MJ/kg。

(2) 选择一块向阳、排水性能好的土壤作为种植地,将高灰分煤泥摊平到土壤表层,所述摊平后的高灰分煤泥的厚度为10 cm,并将上述煤泥锄松后洒水;

(3) 精选植物种子进行去菌脱毒处理,然后用清水浸泡12～15 h,并催芽1～2 d,为了充分利用资源,本实施例选用豆类种子作为培养对象。

(4) 将步骤(2)中的煤泥进行开沟后,将上述催芽过的种子进行播种,播种行的行宽30～50 cm,每2～3 d洒水一次;为了使豆类种子有个适宜的生长环境,培养温度为28℃,待发芽后再继续培养1～2个月,培养期间对高灰分煤泥进行定期取样检测。

(5) 将种植地内的豆芽全部拔掉,然后将拔掉豆芽后的煤样进行筛出芽苗根系,并洒水保养1 d。

(6) 通过随机抽样方法从步骤(5)的煤泥中采集3个等量的随机样品进行化验,通过3组化验数据得到平均值,即灰分为33.25%,发热量为16.03 MJ/kg。

本次煤泥的灰分降低了11.6%,热值(16.03 MJ/kg)提高了17.6%,煤泥可直接作为动力燃料的要求。

本方法也能降低煤泥中的含硫量,初始煤泥含硫量为0.98%,通过上述方法处理后含硫量为0.91%,与初始煤泥相比降低了8.2%。

煤机对口部件燕尾锁紧装置

1. 技术领域

本实用新型专利涉及煤矿设备制造领域,具体涉及一种煤机对口部件燕尾锁紧装置。

2. 技术背景

目前,煤矿上正在使用的采煤机由于使用时间较长,机体连接件老化,导致采煤机使用中经常出现对口松动的现象,从而导致采煤机机体歪斜、行走部脱槽等现象,严重影响到了工作面的正常生产。

3. 专利内容

本实用新型专利的目的在于提供一种采煤机对口部件燕尾锁紧装置,该装置能大大增强采煤机机体部件连接的稳固性,从而降低采煤机部件对口连接螺栓松动的频率和机械事故率,进而提高工作面的产能和生产效率。

采煤机对口部件燕尾锁紧装置包括一对燕尾锁紧固定座、燕尾锁紧块和高强度螺栓。燕尾锁紧固定座上设有锁紧块凹槽,燕尾锁紧固定座和燕尾锁紧块上分别对称设置有固定孔Ⅰ和固定孔Ⅱ,一对燕尾锁紧固定座分别固定在采煤机对口连接件上,燕尾锁紧块卡在一对燕尾锁紧固定座的锁紧块凹槽中,固定孔Ⅰ与固定孔Ⅱ相对应;一对燕尾锁紧固定座和燕尾锁紧块通过高强度螺栓压紧成一个整体。

燕尾锁紧固定座上左右对称设置有两个固定孔Ⅰ,所述燕尾锁紧块上下左右对称设置有四个固定孔Ⅱ。一对燕尾锁紧固定座分别焊接在煤机对口连接件上。燕尾锁紧块的厚度要大于锁紧块凹槽的深度。

与现有技术相比,本专利通过在采煤机对口连接件上焊接一对燕尾锁紧固定座及在一对燕尾锁紧固定座之间固定燕尾锁紧块,大大增强了采煤机机体部件连接的的严密性和稳固性,降低了采煤机部件对口连接螺栓松动的频率和机械事故率,进而提高了工作面的产能和生产效率。本专利结构简单,制造成本低,实用性强。

4. 附图说明

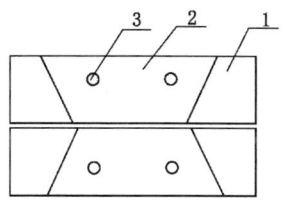

1—燕尾锁紧固定座;2—锁紧块凹槽;3—固定孔Ⅰ

图 1　煤机对口部件燕尾锁紧装置

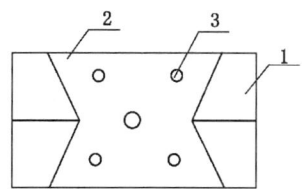

1—燕尾锁紧固定座;2—燕尾锁紧块;3—固定孔Ⅱ

图 2　燕尾锁紧固定座

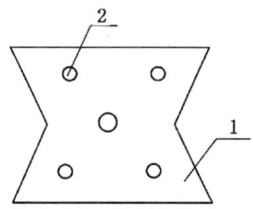

1—燕尾锁紧块;2—固定孔Ⅱ

图 3　燕尾锁紧块

大倾角工作面防滚矸装置

1. 技术领域

本实用新型专利涉及一种大倾角工作面防滚矸装置。

2. 技术背景

随着煤矿企业采煤工作面的不断开拓，大倾角采煤工作面不断涌现，由于倾角大，加之工作面直接顶砂泥岩较破碎，很容易发生冒顶事故，因此矿上规定整个工作面架上铺金属网护顶。

按照上述规定，每班作业人员都要频繁进入工作面进行铺网连网、检修等施工，而工作面煤壁区片帮滚矸对下方进入工作面作业的人员构成安全威胁，对于这个问题，目前，矿上采取金属网或金属栅栏进行防护，以防止滚矸伤人，但该项工序复杂，费力费时，严重影响工作面产能发挥。

3. 专利内容

针对上述问题，本专利的目的是提供一种大倾角工作面防滚矸装置。该装置可有效降低作业人员的安全风险，操作简单、提高功效，减轻作业人员的劳动强度。

大倾角工作面防滚矸装置包括安装在支架顶梁上的导杆，导杆的左端设有定滑轮，绕定滑轮设有循环绳，循环绳以定滑轮所在轴线的垂直线为界限，分为上部循环绳和下部循环绳；导杆的下方为挡矸帘，挡矸帘通过多个吊环悬挂于导杆上，下部循环绳的左端连接点处与位于挡矸帘左上角的吊环连接，挡矸帘的下端设置多个挂钩，吊环套在导杆上，在外力作用下能沿导杆滑动。

在该技术方案中，挡矸帘通过可在导杆上滑动的多个吊环悬挂，且挡矸帘的左上角与循环绳连接，循环绳绕于导杆左端的定滑轮上，并以定滑轮所在轴的垂直线为界限，分为上部循环绳和下部循环绳，当拉动上部循环绳，挡矸帘的左端就会在拉力的作用下带动吊环沿导杆向左移动，到达导杆的最左端时挡矸帘被完全展开，并将其下端的挂钩挂在刮板输送机的链条上，即在采煤机跑道至煤壁之间形成一封闭防护网；当作业完毕，只需将下端的挂钩从刮板输送机的链条上松开，拉动下部循环绳,挡矸帘的左端就会在拉力的作用下带动吊环沿导杆向右移动,到达导杆的最右端时挡矸帘收起。整个封闭和收起过程仅需 1 min 左右,相对于原施工工序中设置挡矸栏需 15 min 以上,可有效缩短作业时间,提高工作面产能。该装置在使用后无须拆除,可与支架一起前移,不影响其他工序的施工,降低了作业人员的劳动强度,且由于人员不用到工作面煤壁区设置挡矸栏,故不存在滚矸伤人等安全问题,提高了安全作业系数。

为了提高装置的整洁度,导杆为空心钢管,便于上部循环绳从导杆的右侧穿入导杆内,从导杆左端穿出绕于定滑轮上。

为了提高防护网的使用性能,优先选用耐磨抗腐蚀韧性大的呢绒网制作挡矸帘。

为保证防护效果,导杆长度与工作面刮板输送机处可滚矸的宽度耦合。

为保证防护效果,挡矸帘宽度与导杆长度相同,高度与支架顶梁至工作面刮板输送机上端的高度耦合。

4. 附图说明

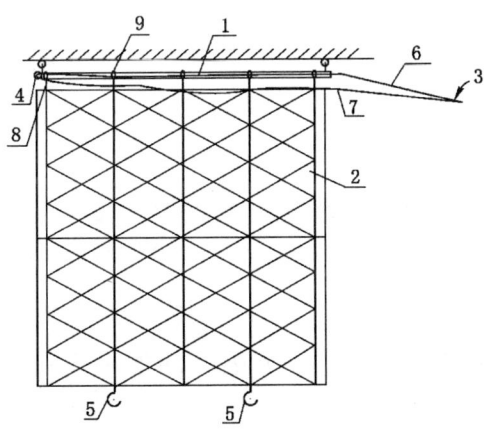

1—导杆;2—挡矸帘;3—循环绳;4—定滑轮;5—挂钩;6—上部循环绳;
7—下部循环绳;8—连接点;9—吊环

图 1　大倾角工作面防滚矸装置

带式输送机空负荷自动停车装置

1. 技术领域

本实用新型专利涉及一种带式输送机空负荷自动停车装置。

2. 技术背景

选煤厂在进行物料的输送过程中多采用带式输送机,带式输送机工作过程中经常出现空负荷运转的工况,空负荷运转不仅会造成电力的浪费,而且也会对带式输送机形成机械磨损。现有技术中多采用人工现场断电的方式进行带式输送机的空负荷停车,这需要安排专人职守。

3. 专利内容

针对上述现有技术存在的问题,本专利提供一种带式输送机空负荷自动停车装置。该装置能够有效检测输送带的空负荷状态,并能在空负荷状态下自动对带式输送机进行断电操作,能有效避免带式输送机空负荷运转所造成的电能浪费和机械设备磨损。

带式输送机空负荷自动停车装置包括支架和接近开关。支架在输送带上方固定设置固定板,固定板下部相间隔地固定设置有两个竖向相对设置的立板,接近开关固定设置在两个立板的上部之间,且接近开关的感应面朝下,两个立板之间设置有导杆,导杆上端与接近开关下端之间的距离在接近开关的感应距离之内,导杆中部两侧固定设置有两根相对称设置的短轴,导杆通过两根短轴与两个立板的下端转动配合,导杆下部与输送带的上表面间隙配合。接近开关与控制器连接,控制器通过计时模块的输入端连接,计时模块的输出端与继电器模块连接,继电器模块还同时与报警模块和带式输送机供电回路连接。

在该技术方案中,导杆通过其中部的两根短轴与两个立板转动配合,由于导杆下端与输送带的上表面间隙配合,当输送带上表面有物料运输时,持续行进的物料会给导杆的下端一个持续的朝向行动方向的推力,从而导杆的下端会向行进方向倾斜,导杆的上端会与接近开关远离,从而接近开关不动作。当输送带上表面无物料时,导杆在自重作用下恢复竖直状态,其上端恢复到接近开关的感应距离之内,接近开关会动作并向控制器发出一个信号 A,控制器在接收到该信号 A 后会向计时模块发出一个信号 B,计时模块在收到信号 B 后会进行计时,当达到计时模块的设定计时时间时,计时模块会向继电器模块输出一个动作信号,继电器模块在收到该动作信号后会控制报警器模块报警,并同时控制输送带供电回路断开以停止带式输送机的运转。该装置能够准确、有效地检测输送带的空负荷状态,并能在空负荷状态下自动进行带式输送机供电的断电操作,不需要专人职守,能有效避免电能的浪费,并能避免机械设备的空负荷状态下的磨损。

为了提高动作的准确性,固定板通过支架设置于输送带长度方向的中心区域,导杆设置于输送带宽度方向的中心区域。

为方便选择不同时动作时长,该装置还设有手动选择开关,计时模块包括第一计时器模块和第二计时器模块,手动选择开关的静合触点与计时模块的输入端连接,手动选择开关的动合触点与第一计时器模块的输入端或第二计时器模块的输入端连接,第一计时器模块和第二计时器模块的输出端连通后与计时模块的输出端连接。

为了提高报警效果,所述报警模块为声光报警器。

作为一种优选,固定板下部中央区域开设有矩形槽口,两个立板的上端外侧分别焊接在所述矩形槽口的两侧。

4. 附图说明

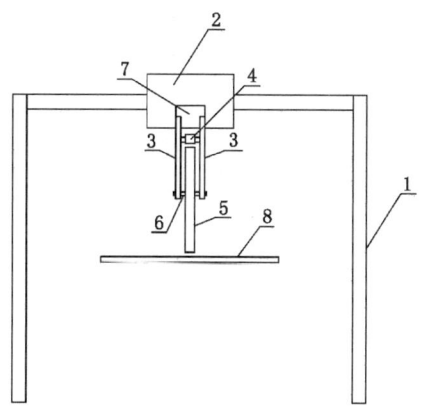

1—支架;2—固定板;3—立板;4—接近开关;5—导杆;6—短轴;
7—矩形槽口;8—输送带

图 1　带式输送机空负荷自动停车装置

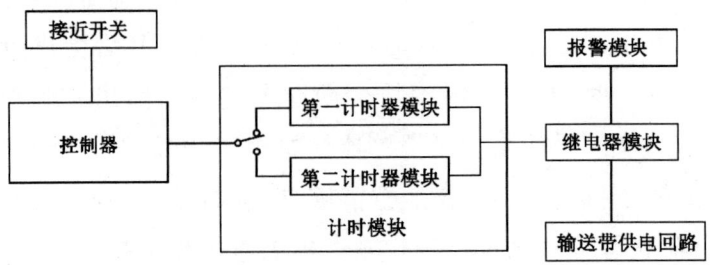

图 2　电路原理

斜巷防跑车电控风控联动装置

1. 技术领域

本实用新型专利属于煤矿井下斜巷运输安全技术领域,具体涉及一种斜巷防跑车电控风控联动装置。

2. 技术背景

矿车是矿井上下物料的主要运输工具,输送过程中当遇到井下斜巷且需要从上部车场向下运输矿车时,目前都是采用人工推车将矿车推到斜巷平台变下坡的交界点位置。为了减轻矿工推车的劳动强度,在斜巷平台位置另外布置一部小绞车,用于将矿车牵引至斜巷平台变下坡的交界点位置,然后再使用斜巷牵引绞车向下运输。然而,矿工为了省事,在使用小绞车勾车前往往提前将斜巷安全门打开,若矿工在勾车时稍不注意,矿车会误入斜巷,造成跑车事故,从而给斜巷带来很大的安全隐患。

3. 专利内容

本实用新型专利的目的是提供一种斜巷防跑车电控风控联动装置,该装置能自动有效地防止跑车事故,降低现场作业的风险。

斜巷防跑车电控风控联动装置包括小绞车、导向滑轮和气缸,小绞车通过牵引钢丝绳和导向滑轮与位于上部车场的矿车相连,导向滑轮设置在斜巷平台变下坡的交界点位置。气缸与用于控制安全门开启或闭合的风动气缸并联,安全门设置在斜巷下坡位置,小绞车设有用于控制小绞车启停的外置行程控制开关,外置行程控制开关与气缸相连并位于带有锁件的箱体内。

优选的牵引钢丝绳的直径均大于10 mm,外置行程控制开关的型号JLXK1-11。

与现有技术相比,本专利中与安全门风动气缸并联的气缸、用于控制小绞车启停的外置行程控制开关,将气缸与外置行程控制开关相连。矿工为了省事,提前私自操作风控气缸上的风动按钮使安全门发生开启或闭合时,位于箱体内的气缸会同步发生伸缩,从而控制气缸与外置行程控制开关的断开与连接,进而控制小绞车的启停,从而实现自动有效地防止斜巷跑车事故,降低现场作业的风险。本专利结构简单,制造和安装方便,制造成本低,维护方便,安全可靠,能有效防止跑车事故。

4. 附图说明

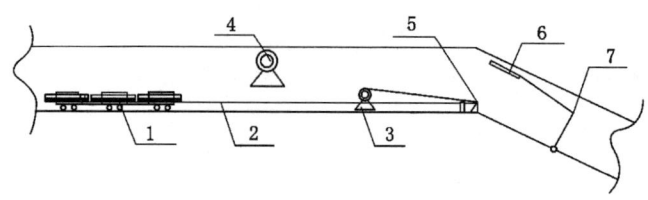

1—矿车;2—牵引钢丝绳;3—小绞车;4—斜巷牵引绞车;5—导向滑轮;6—风动气缸;7—安全门

图 1　斜巷防跑车电控风控联动装置

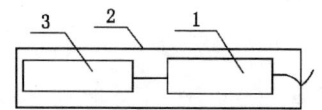

1—外置行程控制开关;2—箱体;3—气缸

图 2　斜巷防跑车电控风控联动装置箱体内部结构

5. 实施方式

如图 1 至图 2 所示,斜巷防跑车电控风控联动装置包括小绞车、导向滑轮和气缸,小绞车通过牵引钢丝绳和导向滑轮与位于上部车场的矿车相连,导向滑轮设置在斜巷平台变下坡的交界点位置;气缸与用于控制安全门开启或闭合的风动气缸并联,安全门设置在斜巷下坡位置,所述小绞车设有用于控制小绞车启停的外置行程控制开关,外置行程控制开关与气缸相连并位于带有锁件的箱体内。

为了防止牵引钢丝绳发生断裂,导致安全事故发生,牵引钢丝绳的直径均大于 10 mm。

为了更灵活地控制小绞车的启停,外置行程控制开关的型号为 JLXK1-11。

工作原理:本实用新型中通过与安全门的风动气缸并联的气缸、用于控制小绞车启停的外置行程控制开关,将气缸与行程控制开关相连。矿工为了省事,提前私自操作风控气缸上的风动按钮使安全门发生开启或闭合时,与之同步的气缸会发生伸缩,从而控制气缸与外置行程控制开关的断开与连接,进而控制小绞车的启停,从而实现自动有效地防止了斜巷跑车事故,降低了现场作业的风险。当矿车被小绞车牵引至斜巷平台变下坡的交界点位置时,再通过斜巷牵引绞车牵引矿车继续往下运输。

斜巷防超挂车控制机构

1. 技术领域

本实用新型专利属于煤矿井下斜巷运输安全技术领域，具体涉及一种斜巷防超挂车控制机构。

2. 技术背景

矿车是矿井上下物料的主要运输工具，输送过程中当遇到井下斜巷且需要从上部车场向下运输矿车时，目前都是采用人工推车将矿车推到斜巷平台变下坡的交界点位置。然后采用牵引绞车将矿车运输下平台。矿工为了省事，在使用绞车运输时往往超过规定挂车，导致绞车过负荷，矿车会在斜巷放大滑，造成跑车事故，从而给斜巷带来很大的安全隐患。

3. 专利内容

为解决上述问题，本实用新型专利提供一种斜巷防超挂车控制机构，可以从根本上防止人为挂超车，安全耐用，动作灵敏可靠，维护简单，成本较低。

斜巷防超挂车控制机构包括限位挡车机构和绞车常闭触点控制机构，限位挡车机构包括气缸一、挡车板、固定板和铰接轴，安装在距离上平台阻车器大于一挂车长度的位置。气缸一安装在固定板的下方，固定板套装在铰接轴上，挡车板与固定板呈90°，挡车板焊接在铰接轴上，气缸一的活塞杆与铰接轴铰接相连。绞车常闭触点控制机构包括气缸二和行程开关，行程开关的控制端为机械式并与气缸二活塞杆相连。气缸一和气缸二在系统控制回路中同步动作。

工作人员将挂车依次挂在绞车钢丝绳上，当挂车数量超出固定数量时，现场工作人员需要操作控制手把将限位挡车机构打开，方可通过，限位挡车机构上的气缸一动作，挡气板在活塞杆的带动下倒下，而绞车常闭触点控制机构上的气缸二与气缸一同步动作，因此气缸二上的活塞杆也同步伸出。行程开关在气缸二的作用下断开，从而导致绞车控制系统回路断开，此时通电绞车亦不能运行。当挂车数量满足要求将挂车人工推入挡车机构前方轨道，然后将限位挡车机构竖起来起到挡车作用，此时气缸一和气缸二同步缩回，绞车常闭触点控制机构重新恢复连接,绞车通电方可恢复运行。

气缸一和气缸二在气动回路中并联,二位三通换向阀分别通过单向节流阀与两个气缸相连。气缸一和气缸二需要同步动作,由于两者安装在不同的位置,利用机械结构难以实现同步,且对于二者同步伸缩量要求不高,因此在气路中采用电控或者手动打开二位三通换向阀,压缩气体通过单向节流阀进入气缸中,驱动两个气缸同步动作。

行程开关的型号为 LXK1-111。

本专利操作简单,控制可靠,从根本上杜绝了超挂车的可能性,降低了安全风险,且投入成本较低,维护工作量小,实用性强。

4. 附图说明

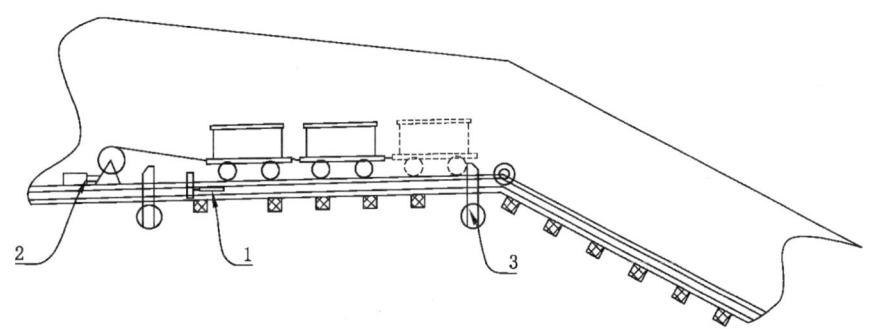

1—限位挡车机构;2—绞车常闭触点控制机构;3—上平台阻车器
图 1 斜巷防挂车控制机构在斜巷中的安装位置

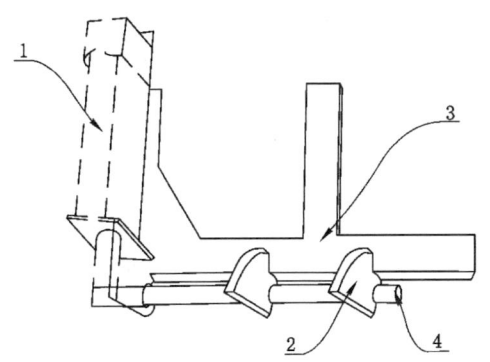

1—气缸一;2—挡车板;3—固定板;4—铰接轴
图 2 限位挡车机构

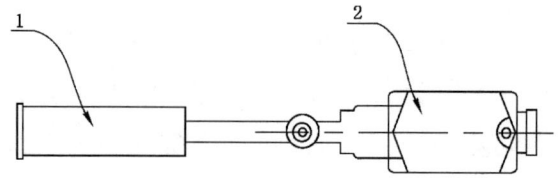

1—气缸二;2—行程开关

图 3 绞车常闭触点控制机制

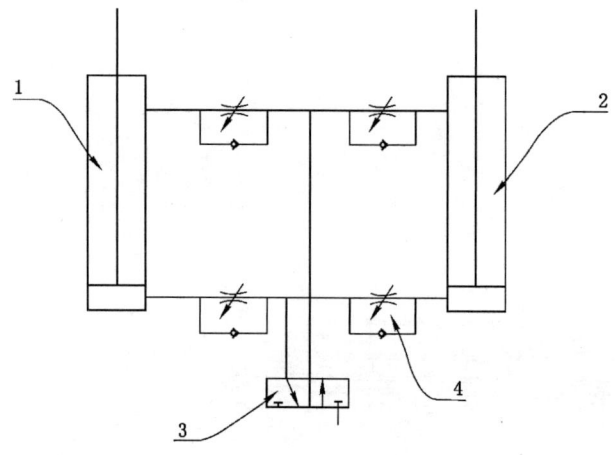

1—气缸一;2—气缸二;3—二位三通换向阀;4—单向节流阀

图 4 气缸气路控制图

矿用潮式喷浆机上料口减尘装置

1. 技术领域

本实用新型专利涉及喷浆机领域,具体涉及一种矿用潮式喷浆机上料口减尘装置。

2. 技术背景

目前,煤矿井下岩巷潮式喷浆机上料口安装的是圆形过滤筛,其表面积大约为 0.3 m²。由于圆形过滤筛直接对上部空间敞开,喷浆作业时,喷浆机搅拌箱内的浆料容易扬起,导致喷浆机作业现场粉尘浓度高,空气质量较差,进而影响作业人员的身心健康。另外,喷浆料通过圆形过滤筛正下方的进料口、磨砂板进入输出管路,当喷浆机输出管路堵塞时,在来不及停止压风的情况下,进料口至磨砂板之间的喷浆料会瞬间从喷浆机上料口喷出,从而危及喷浆机上料口操作人员的安全。

3. 专利内容

本实用新型专利的目的在于提供一种矿用潮式喷浆机上料口减尘装置。该装置一方面能够减小喷浆机搅拌箱与上部空间的暴露面积,从而防止喷浆机搅拌箱内的浆料扬起,进而降低喷浆机作业现场的粉尘浓度;另一方面,当喷浆机输出管路堵塞时,在来不及停止压风的情况下,该装置能够防止喷浆料瞬间从喷浆机上料口喷出,从而防止喷出的浆料对操作人员造成伤害。

矿用潮式喷浆机上料口减尘装置包括防尘罩和桶式衬套,防尘罩包括罩体、过滤筛和遮挡板,罩体上端口与下端口均为平行四边形,过滤筛内嵌在罩体的上端口处,低于罩体上端口边缘;遮挡板的一端固定在过滤筛与罩体的连接处,另一端朝桶式衬套的方向向下倾斜,遮挡板朝桶式衬套方向的一端与罩体下端之间形成锁口,遮挡板与罩体的内壁相接触。桶式衬套设置有呈平行四边形的中心通孔,中心通孔的大小与罩体下端口大小一致。罩体的底部固定安装在桶式衬套上,罩体与桶式衬套相连通。

遮挡板与过滤筛的夹角为 25°~35°,过滤筛低于罩体上端口边缘 3~5 cm,罩体为倒梯形,罩体的上端口比下端口的敞口面积大。罩体与桶式衬套焊接为一体结构。

本专利在防尘罩的罩体内设置了遮挡板,该遮挡板一方面能够减小喷浆机搅拌箱与上部空间的暴露面积,从而防止喷浆机搅拌箱内的浆料扬起,进而降低喷浆机作业现场的粉尘浓度,提高现场空气质量,减轻对作业人员的职业危害;另一方面,可遮挡正下方喷浆机的进料孔,当喷浆机输出管路堵塞时,在来不及停止压风的情况下,该装置能够防止喷浆料瞬间从喷浆机上料口喷出,从而防止喷出的浆料对操作人员造成伤害。本专利结构简单,易于制造,适合在喷浆机领域广泛推广使用。

4. 附图说明

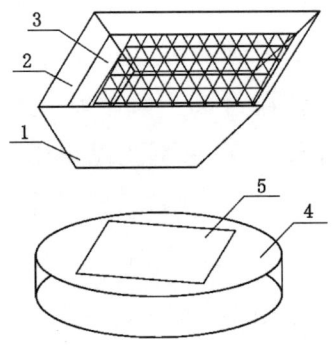

1—防尘罩;2—罩体;3—过滤筛;4—桶式衬套;5—中心通孔

图 1　矿用潮式喷浆机上料口减尘装置立体拆分示意图

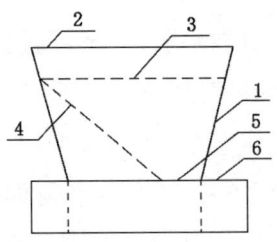

1—防尘罩;2—罩体;3—过滤筛;4—遮挡板;5—锁口;6—桶式衬套

图 2　减尘装置剖面图

5. 实施方式

矿用潮式喷浆机上料口减尘装置包括防尘罩和桶式衬套,防尘罩包括罩体、过滤筛和遮挡板,罩体的上端口与下端口均为平行四边形,过滤筛内嵌在罩体的上端口处,可过滤掉浆料中的大杂质。过滤筛低于罩体上端口边缘,当向上料口加入浆料时,可防止浆料漏出。遮挡板的一端固定在过滤筛与罩体的连接处,另一端朝桶式衬套的方向向下倾斜,遮挡板朝桶式衬套方向的一端与罩体下端之间形成锁口,遮挡板与罩体的内壁相接触。桶式衬套设置有呈平行四边形的中心通孔,中心通孔的大小与罩体下端口大小一致。罩体的底部固定安装在桶式衬套上,罩体与桶式衬套相连通。

为了使浆料顺畅地落入进料口,且当喷浆机输出管路堵塞时,遮挡板能够更好地防止喷浆料瞬间从喷浆机上料口喷出,遮挡板与过滤筛的夹角为25°～35°。

当向上料口加入浆料时,为了防止浆料漏出,过滤筛低于罩体上端口边缘3～5 cm。

为了使该装置能容纳更多的浆料,罩体设置为倒梯形,罩体上端口比下端口的敞口面积大。

为了使该装置在使用时更稳定,罩体与桶式衬套焊接为一体结构。

使用时,喷浆作业时将本装置的桶式衬套嵌入喷浆机桶式上料口内。

本实用新型与现有安装在喷浆机上料口上的圆形过滤筛相比,其对上部空间直接敞开的面积为 0.3 m^2,而本装置中锁口的位置,喷浆料经过的截面积为 0.03 m^2,为现有圆形过滤筛的 10%,本装置对喷浆机搅拌箱的粉尘起到有效的隔离。经检测,采用原机喷浆作业,机口粉尘浓度范围 2.6～35.8 mg/m^3,喷浆作业时间段,粉尘浓度绝大多数时间都是超过作业规程的规定。采取本实用新型装置后,在同等喷浆施工条件下,经检测,机口粉尘浓度在 0～1.6 mg/m^3 之间,喷浆机机口粉尘明显减少,在任何时间点机口粉尘浓度都未达到 4 mg/m^3 的临界值。

矿用潮式喷浆机上料口无尘型装置

1. 技术领域

本实用新型专利涉及喷浆机领域,具体涉及一种矿用潮式喷浆机上料口无尘型装置。

2. 技术背景

目前,煤矿井下岩巷潮式喷浆机上料口安装的是圆形过滤筛,其表面积大约为 0.3 m²。由于圆形过滤筛直接对上部空间敞开,喷浆作业时,喷浆机搅拌箱内的浆料容易扬起,导致喷浆机作业现场粉尘浓度高,空气质量较差,进而影响作业人员的身心健康。另外,喷浆料通过圆形过滤筛正下方的进料口、磨砂板进入输出管路,当喷浆机输出管路堵塞时,在来不及停止压风的情况下,进料口至磨砂板之间的喷浆料会瞬间从喷浆机上料口喷出,从而危及喷浆机上料口操作人员的安全。

3. 专利内容

本实用新型专利的目的在于提供一种矿用潮式喷浆机上料口无尘型装置。该装置一方面能够减小喷浆机搅拌箱与上部空间的暴露面积,从而防止喷浆机搅拌箱内的浆料扬起,进而降低喷浆机作业现场的粉尘浓度;另一方面,当喷浆机输出管路堵塞时,在来不及停止压风的情况下,该装置能够防止喷浆料瞬间从喷浆机上料口喷出,从而防止喷出的浆料对操作人员造成伤害。

矿用潮式喷浆机上料口无尘型装置包括安装在喷浆机上料口的防尘罩、桶式衬套和文氏吸尘辅助装置,防尘罩包括罩体、过滤筛和多个锥形凸起挡板装置,罩体侧壁上设有连接口。过滤筛内嵌在罩体的上端,低于罩体上端口边缘。锥形凸起挡板装置由两块挡板对称拼接组成,其底部固定在罩体与桶式衬套的连接处,锥形凸起挡板装置之间和锥形凸起挡板装置与罩体之间分别形成锁口。桶式衬套设置有与罩体下端口大小一致的中心通孔,罩体底部固定安装在桶式衬套上,罩体与桶式衬套相连通。文氏吸尘辅助装置包括文氏管和尾尘收集袋,文氏管顶端设有开口Ⅰ和开口Ⅱ,开口Ⅰ与防尘罩上的连接口连通,开口Ⅱ与喷浆机的尾气口连通。文氏管的底端与尾尘收集袋连通。

锥形凸起挡板装置为两个,锥形凸起挡板装置之间和锥形凸起挡板装置与罩体之间共形成3个锁口。

锥形凸起挡板装置的两块挡板所呈夹角为25°~35°。

过滤筛低于罩体上端口边缘3~5 cm。罩体为倒梯形,罩体的上端口比下端口的敞口面积大。罩体与桶式衬套焊接为一体结构。

本专利通过设置的文氏吸尘辅助装置,喷浆作业时防尘罩内处于负压状态,搅拌箱内产生的粉尘很难溢出来;另外通过在防尘罩罩体内设置的锥形凸起挡板装置减小喷浆机搅拌箱与上部空间的暴露面积,从而防止喷浆机搅拌箱内的浆料扬起,进而降低喷浆机作业现场的粉尘浓度,提高现场空气质量,减轻对作业人员的职业危害;另一方面,遮挡正下方喷浆机的进料孔,当喷浆机输出管路堵塞时,在来不及停止压风的情况下,该装置能够防止喷浆料瞬间从喷浆机上料口喷出,从而防止喷出的浆料对操作人员造成伤害。本专利结构简单,易于制造,适合在喷浆机领域广泛推广使用。

4. 附图说明

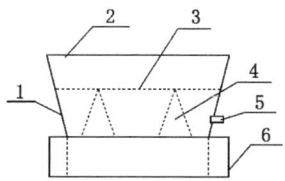

1—防尘罩;2—罩体;3—过滤筛;4—锥形凸起挡板;5—连接口;6—桶式衬套
图1 矿用潮式喷浆机上料口无尘型装置侧视图

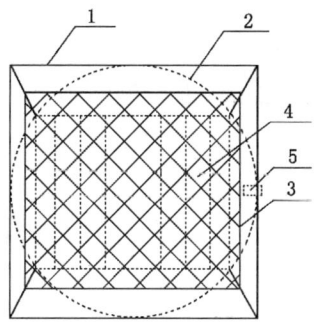

1—防尘罩;2—罩体;3—过滤筛;4—锥形凸起挡板;5—连接口
图2 矿用潮式喷浆机上料口无尘型装置俯视图

5. 实施方式

以下结合附图对本实用新型作进一步详细说明。

矿用潮式喷浆机上料口无尘型装置包括安装在喷浆机上料口的防尘罩、桶式衬套和文氏吸尘辅助装置，防尘罩包括罩体、过滤筛和多个锥形凸起挡板装置，罩体侧壁上设有连接口。过滤筛内嵌在罩体的上端，可过滤掉浆料中的大杂质，且低于罩体上端口边缘，当向上料口加入浆料时，可防止浆料漏出。锥形凸起挡板装置由两块挡板对称拼接组成，其底部固定在罩体与桶式衬套的连接处，锥形凸起挡板装置之间和锥形凸起挡板装置与罩体之间分别形成锁口。桶式衬套设置有与罩体下端口大小一致的中心通孔，罩体底部固定安装在桶式衬套上，罩体与桶式衬套相连通。

文氏吸尘辅助装置包括文氏管和尾尘收集袋，文氏管顶端设有开口Ⅰ和开口Ⅱ，开口Ⅰ与防尘罩上的连接口连通，开口Ⅱ与喷浆机的尾气口连通。文氏管的底端与尾尘收集袋连通。

锥形凸起挡板装置为两个，锥形凸起挡板装置之间和锥形凸起挡板装置与罩体之间共形成 3 个锁口。

为了使浆料顺畅地落入进料口，且当喷浆机输出管路堵塞时，锥形凸起挡板装置能够更好地防止喷浆料瞬间从喷浆机上料口喷出，锥形凸起挡板装置的两块挡板所呈夹角为 25°～35°。

当向上料口加入浆料时，为了防止浆料漏出，过滤筛低于罩体上端口边缘 3～5 cm。

为了使该装置能容纳更多的浆料，罩体为倒梯形，罩体的上端口比下端口的敞口面积大。

为了使该装置在使用时更稳定，罩体与桶式衬套焊接为一体结构。

使用时，喷浆作业时将本装置的桶式衬套嵌入喷浆机桶式上料口内。

本实用新型与现有安装在喷浆机上料口上的圆形过滤筛相比，其对上部空间直接敞开的面积为 0.3 m^2，而本装置中锁口的位置，喷浆料经过的截面积为 0.06 m^2，为现有圆形过滤筛的 20%，本装置对喷浆机搅拌箱的粉尘起到有效的隔离。同时，本实用新型设置的文氏吸尘辅助装置，喷浆作业时，喷浆机尾气口排出的含尘尾气压强一般在 20～30 mm 水柱之间，由于射流原理，开口Ⅰ至防尘罩之间形成负压，经检测防尘罩内空气负压为 0～2.3 mm 水柱，防尘罩内为负压状态，搅拌箱内产生的粉尘很难溢出来；浆料加入喷浆机进料口时，少量粉尘经连接口、软管、文氏管进入尾尘收集袋，回收再利用。

经检测，采用原机喷浆作业，机口粉尘浓度为 2.6～35.8 mg/m^3，喷浆作业时间段,粉尘浓度绝大多数时间超过违反作业规程的规定。采取本实用新型装置后,在同等喷浆施工条件下,经检测,机口粉尘浓度为 $0\sim0.02$ mg/m³,喷浆作业时,喷浆机机口几乎没有粉尘,在任何时间点机口粉尘浓度都未达到 4 mg/m³ 的临界值。

矿用潮式喷浆机外周集尘装置

1. 技术领域

本实用新型专利涉及喷浆机领域,具体涉及一种矿用潮式喷浆机外周集尘装置。

2. 技术背景

目前,煤矿井下岩巷潮式喷浆机中部的磨砂板在使用过程中,由于长期使用磨损,使得喷浆机内部的浆料会泄漏到喷浆机外周,从而导致喷浆机附近粉尘浓度较高,空气质量较差,进而影响作业人员的身心健康。

3. 专利内容

本实用新型专利的目的在于提供一种矿用潮式喷浆机外周集尘装置,该装置可降低喷浆机周围的粉尘量,能将喷浆机周围的粉尘集中到一起再排出。

矿用潮式喷浆机外周集尘装置架体由两块平行板和一块连接在两块平行板之间的连接板组成;架体封闭端顶部对称设置有两块圆弧形集尘板,架体封闭端底部设置有一块集尘板,集尘板由方形集尘板和弧形集尘板拼接而成,集尘板上设置有排尘孔。圆弧形集尘板与喷浆机上的圆柱形搅拌箱相卡合,集尘板与喷浆机上的圆柱形传动箱相卡合。连接板上设置有抽气口,抽气口上设置有过滤网,抽气口通过空气导流管与空气泵连接。

两块平行板与喷浆机之间的距离为 4~5 cm。两块平行板上分别设置有把手。两块平行板和连接板焊接为一体结构。喷浆作业时,喷浆机左侧部分由该集尘装置、圆柱形搅拌箱、圆柱形传动箱围成一个相对封闭的集尘空间,喷浆机外周的粉尘通过空气导流管与空气泵持续缓慢向封闭集尘空间内移动并沉淀下来,从而降低喷浆机作业现场的粉尘浓度,提高现场空气质量,减轻对作业人员的职业危害。本专利结构简单,易于制造,适合在喷浆机领域广泛推广使用。

4. 附图说明

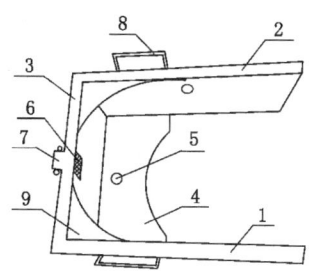

1—架体；2—平行板；3—连接板；4—集尘板；5—排尘孔；6—过滤网；7—空气导流管；
8—把手；9—圆弧形集尘板
图 1　矿用潮式喷浆机外周集尘装置

5. 实施方式

矿用潮式喷浆机外周集尘装置(图 1)架体由两块平行板和一块连接在两块平行板之间的连接板组成；架体封闭端顶部对称设置有两块圆弧形集尘板，架体封闭端底部设置有一块集尘板，集尘板由方形集尘板和弧形集尘板拼接而成，集尘板上设置有排尘孔。圆弧形集尘板与喷浆机上的圆柱形搅拌箱相卡合，集尘板与喷浆机上的圆柱形传动箱相卡合。连接板上设置有抽气口，抽气口上设置有过滤网，抽气口通过空气导流管与空气泵连接。

为了便于喷浆机磨砂板与该装置对立的另一侧的泄漏粉尘能够顺畅向集尘装置移动，两块平行板与喷浆机之间的距离为 4~5 cm。

为了方便搬运该集尘装置，两块平行板上分别设置有把手。为了使该装置在使用时更稳定，两块平行板和连接板焊接为一体结构。

喷浆机喷浆作业前，将该集尘装置从喷浆机左侧水平插入，使装置的圆弧形集尘板和集尘板分别紧紧靠近喷浆机的圆柱形搅拌箱和圆柱形传动箱，喷浆机左侧部分由该集尘装置、圆柱形搅拌箱、圆柱形传动箱围成一个相对封闭的集尘空间。喷浆作业时，从喷浆机磨砂板圆周泄漏的粉尘，被掘进工作面回风驱动向左侧移动，进入封闭的集尘空间内。为了使粉尘能够持续向左侧移动至集尘空间，在该集尘装置的连接板上设置有抽气口，抽气口上设置有过滤网，抽气口通过空气导流管与空气泵连接。由于空气导流管与空气泵的导流作用，粉尘持续缓慢向封闭集尘空间内移动并沉淀下来，经下方的排尘孔排出，从而实现喷浆机泄漏粉尘的收集和净化空气作用。

经检测，采用原机喷浆作业，泄漏粉尘造成的喷浆机附近的粉尘浓度为 1.8～18.6 mg/m³，喷浆作业时间段，粉尘浓度绝大多数时间都超过作业规程的规定。采取本实用新型装置后，在同等喷浆施工条件下，经检测，喷浆机附近的粉尘浓度为 0～0.12 mg/m³，喷浆作业时，喷浆机机口几乎没有粉尘，在任何时间点机口粉尘浓度都未达到 4 mg/m³ 的临界值。

用于矿用隔爆污水泵吸水口的防堵装置

1. 技术领域

本实用新型专利涉及污水泵技术设备领域,具体涉及一种用于矿用隔爆污水泵吸水口的防堵装置。

2. 技术背景

采掘工作面的污水一般汇集到附近的临时水仓,然后再用矿用隔爆污水潜水泵及其排水管路排到外围采区水仓。由于工作面污水内灰土、泥沙较多,采用污水泵排污水时,污水内的灰土、泥沙经常堵塞甚至损坏污水泵,造成污水泵不能正常工作,从而影响排水工作。

3. 专利内容

本实用新型专利的目的在于提供一种用于矿用隔爆污水泵吸水口的防堵装置,该装置可防止污水中的灰土、泥沙经常堵塞甚至损坏污水泵,保证排水工作的正常进行。

用于矿用隔爆污水泵吸水口的防堵装置包括作为支架的矩形框架和喷水管,矩形框架由两组平行管相互连接组成;喷水管一端垂直固定在矩形框架的其中一组平行管上,另一端向矩形框架外延伸并固定连接有水管接头,水管接头与防尘水管连接;位于矩形框架上的喷水管管段中间位置开设有3个喷水孔,三个喷水孔的朝向分别为向上、向左、向右。

矩形框架由两组平行管相互焊接组成。喷水管一端垂直焊接在矩形框架的其中一组平行管上。矩形框架和喷水管均采用钢管制备而成。3个喷水孔的孔径为4 mm。

与现有技术相比,本专利通过在喷水管上设置的3个不同朝向的喷水口,从而将污水泵下方沉积的污泥冲开,使污泥与上方清水混合,形成非沉淀状态,便于污水泵向外排出,而且不堵塞泵。采用该防堵装置,不仅延长了污水泵的使用周期,而且也无须经常人工清理水池内的污泥,从而提高工作效率。本专利结构简单,易于制造,适合在污水泵领域广泛推广使用。

4. 附图说明

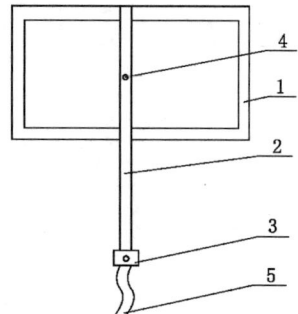

1—矩形框架；2—喷水管；3—水管接头；4—喷水孔；5—防尘水管

图1 用于矿用隔爆污水泵吸水口的防堵装置

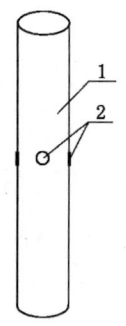

1—喷水管；2—喷水孔

图2 防堵装置中喷水管的放大立体示意图

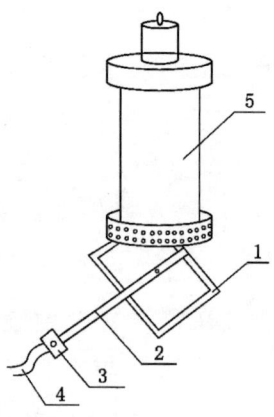

1—矩形框架；2—喷水管；3—水管接头；4—防尘水管；5—污水泵

图3 防堵装置使用示意图

5. 实施方式

如图1和图2所示的用于矿用隔爆污水泵吸水口的防堵装置包括作为支架的矩形框架和喷水管,矩形框架由两组平行管相互连接组成;喷水管一端垂直固定在矩形框架的其中一组平行管上,另一端向矩形框架外延伸并固定连接有水管接头,水管接头与防尘水管连接;位于矩形框架上的喷水管管段中间位置开设有3个喷水孔,3个喷水孔的朝向分别为向上、向左、向右。

为了防止喷水时装置不会因水的作用力而改变位置,所述矩形框架由两组平行管相互焊接组成;喷水管一端垂直焊接在矩形框架的其中一组平行管上;矩形框架和喷水管均采用钢管制备而成。

为了提高喷水管的喷射力,所述3个喷水孔的孔径为4 mm。

如图3所示,使用时,直接将本实用新型放在污水泵吸水口下方,每次排污水之前或开启污水泵之前,将防尘水管和喷水管中充满洁净水,用洁净水将污水泵下方沉积的污泥冲开,使污泥与上方的清水混合形成非沉淀状态,从而便于污水泵向外排出,而且不堵塞污水泵。

潮式矿用喷浆机上料口降尘装置

1. 技术领域

本实用新型专利涉及喷浆机领域,具体涉及一种潮式矿用喷浆机上料口降尘装置。

2. 技术背景

目前,煤矿井下岩巷潮式喷浆机上料口安装的是圆形过滤筛,其表面积大约为 0.3 m²,由于圆形过滤筛直接对上部空间敞开,当喷浆作业时,喷浆机搅拌箱内的浆料容易扬起,导致喷浆机作业现场粉尘浓度高,空气质量较差,进而影响作业人员的身心健康。另外,喷浆料通过圆形过滤筛正下方的进料口、磨砂板进入输出管路,当喷浆机输出管路堵塞时,在来不及停止压风的情况下,进料口至磨砂板之间的喷浆料会瞬间从喷浆机上料口喷出,从而危及喷浆机上料口操作人员的安全。

3. 专利内容

本实用新型专利的目的在于提供一种潮式矿用喷浆机上料口降尘装置,该装置一方面能够减小喷浆机搅拌箱与上部空间的暴露面积,从而防止喷浆机搅拌箱内的浆料扬起,进而降低喷浆机作业现场的粉尘浓度;另一方面,当喷浆机输出管路堵塞时,在来不及停止压风的情况下,该装置能够防止喷浆料瞬间从喷浆机上料口喷出,从而防止喷出的浆料对操作人员造成伤害。

潮式矿用喷浆机上料口降尘装置包括防尘罩和桶式衬套,防尘罩包括罩体和过滤筛,罩体上端口与下端口均为平行四边形,过滤筛内嵌在罩体的上端,过滤筛低于罩体上端口边缘。桶式衬套设置有呈平行四边形的中心通孔,中心通孔的大小与罩体下端口大小一致。罩体底部固定安装在桶式衬套上,罩体与桶式衬套相连通。防尘罩还包括斜挡板、对称倒 V 型挡板和非对称倒 V 型挡板,斜挡板的一端固定在过滤筛与罩体的连接处,另一端朝桶式衬套的方向向下倾斜;对称倒 V 型挡板的顶端固定在转轴上,转轴中心轴两端固定在罩体的内壁上;非对称倒 V 型挡板的顶端固定在过滤筛上。斜挡板与非对称倒 V 型挡板之间形成锁口缝隙,对称倒 V 型挡板与非对称倒 V 型挡板之间形成活动锁口缝隙。斜挡板、对称倒 V 型挡板和非对称倒 V 型挡板分别与罩体的内壁相接触。

遮挡板与过滤筛的夹角为 25°～35°。过滤筛低于罩体上端口边缘 3～5 cm。罩体为倒梯形,罩体上端口比下端口的敞口面积大。罩体与桶式衬套焊接为一体结构。

本专利在防尘罩的罩体内设置了斜挡板、非对称倒 V 型挡板和对称倒 V 型挡板,这 3 种挡板从上方看下去基本将喷浆机搅拌箱挡严。另外,当喷浆作业时,混凝土料经过过滤后,一部分可从斜挡板与非对称倒 V 型挡板之间的锁口缝隙通过,落入喷浆机搅拌箱,另一部分落到对称倒 V 型挡板上的混凝土料,因对其触碰,对称倒 V 型挡板呈钟摆式左右摆动,混凝土料能轻易地从对称倒 V 型挡板与非对称倒 V 型挡板之间形成的活动锁口缝隙通过,落入喷浆机搅拌箱,混凝土料通过后,对称倒 V 型挡板回复原状,喷浆机搅拌箱内扬起的粉尘被封闭,无法溢出。

本专利一方面能够减小喷浆机搅拌箱与上部空间的暴露面积,从而防止喷浆机搅拌箱内的浆料扬起,进而降低喷浆机作业现场的粉尘浓度,提高现场空气质量,减轻对作业人员的职业危害;另一方面,可遮挡正下方喷浆机的进料孔。当喷浆机输出管路堵塞时,在来不及停止压风的情况下,该装置能够防止喷浆料瞬间从喷浆机上料口喷出,从而防止喷出的浆料对操作人员造成伤害。与现有技术相比,本专利大幅度降低了喷浆机作业现场的粉尘浓度,且结构简单,易于制造,适合在喷浆机领域广泛推广使用。

4. 实施方式

如图 1～图 3 所示的潮式矿用喷浆机上料口降尘装置包括防尘罩和桶式衬套,防尘罩包括罩体和过滤筛,罩体的上端口与下端口均为平行四边形,过滤筛内嵌在罩体的上端,过滤筛可过滤掉浆料中的大杂质,过滤筛低于罩体上端口边缘,当向上料口加入浆料时,可防止浆料漏出。桶式衬套设置有呈平行四边形的中心通孔,中心通孔的大小与罩体下端口大小一致。罩体底部固定安装在桶式衬套上,罩体与桶式衬套相连通。

防尘罩还包括斜挡板、对称倒 V 型挡板和非对称倒 V 型挡板,斜挡板的一端固定在过滤筛与罩体的连接处,另一端朝桶式衬套的方向向下倾斜;对称倒 V 型挡板的顶端固定在转轴上,转轴的中心轴两端固定在罩体的内壁上,对称倒 V 型挡板在外力作用下呈钟摆式的左右摆动;非对称倒 V 型挡板的顶端固定在过

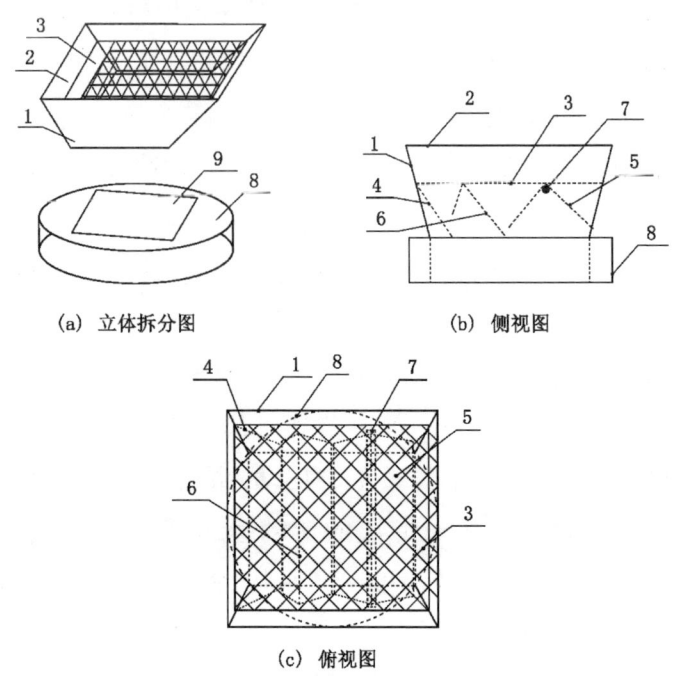

1—防尘罩;2—罩体;3—过滤筛;4—斜挡板;5—对称倒V型挡板;6—非对称倒V型挡板;
7—转轴;8—桶式衬套;9—中心通孔
图1 潮式矿用喷浆机上料口降尘装置

滤筛上。斜挡板与非对称倒V型挡板之间形成锁口缝隙,对称倒V型挡板与非对称倒V型挡板之间形成活动锁口缝隙。斜挡板、对称倒V型挡板和非对称倒V型挡板分别与罩体的内壁相接触。

为了使浆料顺畅的落入进料口,同时,当喷浆机输出管路堵塞时斜挡板能够更好地防止喷浆料瞬间从喷浆机上料口喷出,斜挡板与过滤筛的夹角为25°~35°。

当向上料口加入浆料时,为了防止浆料漏出,过滤筛低于罩体上端口边缘3~5 cm。

为了使该装置能容纳更多的浆料,罩体为倒梯形,罩体的上端口比下端口的敞口面积大。

为了使该装置在使用时更稳定,罩体与桶式衬套焊接为一体结构。

使用时,喷浆作业时将本装置的桶式衬套嵌入喷浆机桶式上料口内。

本专利与现有安装在喷浆机上料口上的圆形过滤筛相比,其对上部空间直接敞开的面积不到0.3 dm^2,对喷浆机搅拌箱的粉尘起到有效的隔离,装置中的3种挡板遮挡正下方喷浆机的进料孔,起到了很好的防护作用。经检测,采用原机喷浆作业,机口粉尘浓度为 2.6~35.8 mg/m³,喷浆作业时间段,粉尘浓度绝大多数时间都超过作业规程的规定。采取本实用新型后,在同等喷浆施工条件下,经检测,机口粉尘浓度几乎为零,喷浆机机口粉尘明显减少,在任何时间点机口粉尘浓度都未达到 4 mg/m³ 的临界值。

矿用局部通风机进风口降噪装置

1. 技术领域

本实用新型专利涉及一种矿用局部通风机进风口降噪装置。

2. 技术背景

局部通风机是矿井主要噪音源之一,其音值高达 100～110 dB(A),大大超过了国家规定的噪声允许标准。局部通风机噪声主要由风流旋涡、叶轮旋转和机械振动而产生,空气流进旋转的叶轮间时,将在轮叶间产生涡旋,随着轮叶的旋转,涡旋周期性的产生与消失,发出涡旋声音,涡旋的频率沿轮叶半径方向逐渐改变,同时,空气进入旋转的通风机时,不仅在叶片前后形成脉动的压力,而且还发生气流打击叶片的现象,发出旋转声音,风流旋涡的声音和旋转的声音一般称为空气动力噪声。通风机机械噪声主要是由通风机转子不平衡、轴承安装不良及壳体毛病等原因而引起。空气动力噪声与机械噪声相比,空气动力噪声是主要的噪声。局部通风机发生的噪声不是在所有方向上很均匀地辐射,而是一个半球形的噪声源,从现有的通风机结构可以看到,其进风口处直接吸进空气,是最易产生噪声的位置。

3. 专利内容

针对上述存在的问题,本专利提供一种矿用局部通风机进风口降噪装置,该装置能够阻挡局部通风机进风口辐射的声能的传播,降低通风机进风口处的噪声,使其符合煤矿作业场所噪声限值的要求。

矿用局部通风机进风口降噪装置包括设置在通风机进风口前方的多个框架体和安装于框架体内的水容器。沿框架体的竖梁方向从上至下设置多组与横梁平行的安装梁,各安装梁沿其长度方向等间距地设有多个挂钩,相邻两组安装梁之间形成一个水容器安装空间。水容器为水袋,其与安装空间的形状和尺寸相适配,在与安装梁连接的端面上部和挂钩上开有多个吊挂通孔。框架体内的水容器从上至下形成阻隔墙体。

框架体距离通风机进风口由近及远至少设置两排,相邻两排框架体之间设有消声纤维网。

距离通风机进风口最近的框架体位于通风机进风口前方 0.8 m 处。

本专利通过在局部通风机的进风口前方布置多排框架体,框架体内从上至下设置多组与横梁平行的安装梁,各安装梁沿其长度方向等间距地设有多个挂钩,相邻两组安装梁之间形成一个水容器安装空间,水容器安装空间内均吊挂水袋,多个水袋形成多堵水墙,利用阻隔和能量转化原理,即利用水墙阻挡局部通风机进风口辐射的声能向前传播,一部分声能撞击水墙引发水震动,转化为水的动能,从而实现了噪声减弱,使其符合煤矿作业场所噪声限值的要求。

4. 附图说明

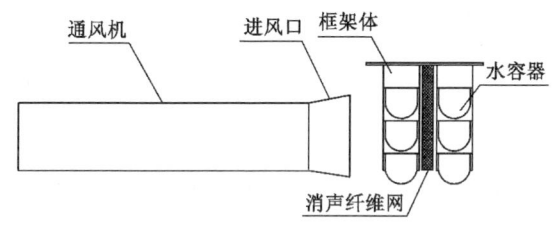

图 1　矿用局部通风机进风口降噪装置结构示意图

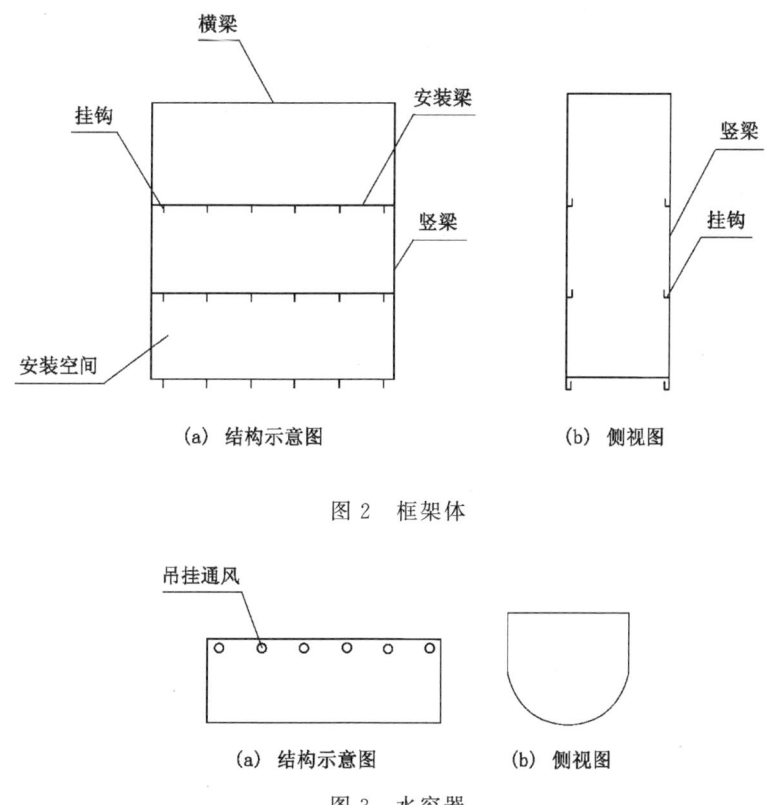

图 2　框架体

图 3　水容器

5. 实施方式

矿用局部通风机进风口降噪装置包括设置在通风机进风口前方的多个框架体和安装于框架体内的水容器,沿框架体的竖梁方向从上至下设置多组与横梁平行的安装梁,各安装梁沿其长度方向等间距地设有多个挂钩,相邻两组安装梁之间形成一个水容器安装空间。

水容器为水袋,其与安装空间的形状和尺寸相适配,在与安装梁连接的端面上部与挂钩上开有多个吊挂通孔。框架体内的水容器从上至下形成阻隔墙体。

为进一步降低通风机进风口处的噪声,框架体距离进风口由近及远至少设置两排,相邻两排的框架体之间设有消声纤维网。

不影响通风机正常工作的同时,为达到最佳降噪效果的,距离进风口最近的框架体位于进风口前方 0.8 m 处。

工作前,将水袋内装满水,然后通过其上部开设的吊挂通孔吊挂于挂钩上。各框架体内设置 3 组安装梁,形成 3 个水容器安装空间,置于其内的水袋从上至下将框架体内部空间充满,形成 1.0 m×1.05 m×0.8 m 的水墙。根据噪声检测数据,采用水墙降噪后,在距离局部通风机进风口 4 m 线范围以外的噪声音值不大于 85 dB(A),符合煤矿作业场所噪声限值的要求。

法兰盘焊接专用模具

1. 技术领域

本实用新型专利涉及一种法兰盘焊接专用模具，属于焊接辅助工具技术领域。

2. 技术背景

管路加工过程中，法兰盘焊接是必不可少的施工环节。法兰盘焊接质量的好坏直接关系到管路在安装、使用过程中的质量。

目前，钢管焊接法兰盘一般是丈量钢管的尺寸后，采用棉绳、粉笔等画出截割圆形轮廓线，按线截割后进行法兰盘焊接，且在焊接过程中需要不断使用直角拐尺来测量法兰盘是否与钢管对正，该方式在焊接时容易出现焊接偏差，难以确保钢管与法兰盘接头处的密闭效果，且工序较烦琐，工人劳动强度大。

3. 专利内容

针对上述存在的问题，本专利提供一种法兰盘焊接专用模具，该模具能提高钢管截割轮廓线画线的准确性；能够确保法兰盘焊接精度，保证钢管与法兰盘接头处的密闭效果；简化了工序，提高了焊接效率；减少了操作工人数量，降低了劳动强度。

法兰盘焊接专用模具包括模具盘和平衡尺，模具盘包括夹持段和导向段，夹持段为内径尺寸与待焊接钢管外径相适配的半圆环，半圆环两自由端分别连接导向段一和导向段二；导向段一和导向段二的内壁均为垂直于半圆环自由端设置的水平面，两水平面之间形成的缺口长度略大于待焊接钢管的外径尺寸。

平衡尺为一长方体钢板，并通过其短边所在的一侧端面垂直焊接于模具盘的后端面上，且平衡尺的下端面与夹持段内壁顶点所在的平面处于同一高度。

夹持段内壁与外壁之间的距离与法兰盘端面高度相适配，并在夹持段上周向开设与法兰盘螺栓孔相对应的螺纹孔。

平衡尺上端面连接有把手，下端面为与待焊接钢管外壁弧度相适配的弧形面。

本专利通过设置模具盘及与其连接的平衡尺,并将模具盘半圆环状夹持段的内径设为与待焊接钢管外径相适配,在使用时确保模具盘与钢管紧密卡合,同时还能作为钢管截割轮廓线的画线依据。在夹持段的自由端连接导向段,且导向段的内壁为垂直于半圆环自由端设置的水平面,两水平面之间形成的缺口长度稍大于待焊接钢管的外径尺寸,这样的设计实现了将模具盘方便快速与钢管的卡装。平衡尺连接于半圆环状夹持段的后端面,且其下端面与夹持段内壁顶点所在的平面处于同一高度,一方面增加了该专用模具与钢管的接触面积,使得模具在使用过程中更为稳定,另一方面平衡尺还能在焊接时起到背靠的作用。该专用模具确保了法兰盘焊接精度,保证了钢管与法兰盘接头处的密闭效果;简化了工序,提高了焊接效率;一人即可完成焊接,减少了操作工人数量,降低了劳动强度。

4. 附图说明

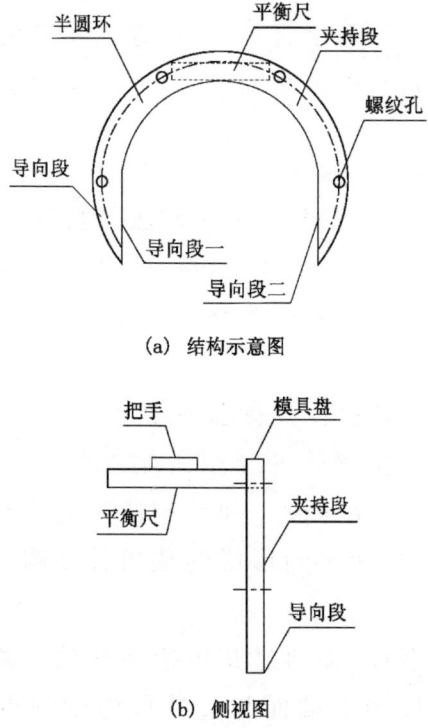

图1 法兰盘焊接专用模具

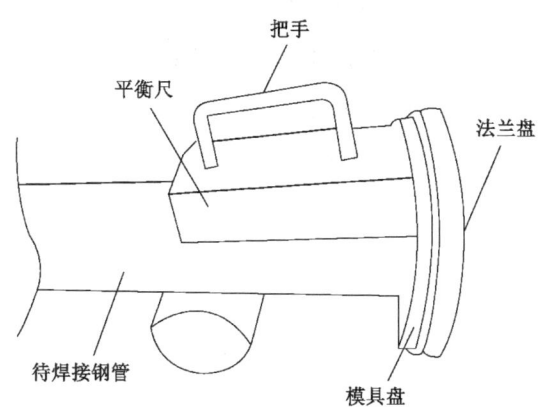

图 2　专用模具与待焊接钢管及法兰盘的配合结构示意图

5. 实施方式

如图1至图2所示,法兰盘焊接专用模具包括模具盘和平衡尺,模具盘包括夹持段和导向段,夹持段为内径尺寸与待焊接钢管外径相适配的半圆环,半圆环两自由端分别连接导向段一和导向段二,导向段一和导向段二的内壁均为垂直于半圆环自由端设置的水平面,两水平面之间形成的缺口长度略大于待焊接钢管的外径尺寸。

平衡尺为一长方体钢板,并通过其短边所在的一侧端面垂直焊接于模具盘的后端面上,且平衡尺的下端面与夹持段内壁顶点所在的平面处于同一高度。

为进一步增加法兰盘焊接时的稳定性,提高焊接精确度,夹持段内壁与外壁之间的距离与法兰盘端面高度相适配,并在夹持段上周向开设与法兰盘螺栓孔相对应的螺纹孔。在焊接时,可通过螺栓将法兰盘螺栓孔与夹持段上的螺纹孔进行连接。

为便于拿取模具,平衡尺上端面连接有把手。

为使平衡尺与待焊接钢管上端面更为稳定贴合,平衡尺下端面为与待焊接钢管外壁弧度相适配的弧形面。

使用时,将待焊接钢管靠近焊接端的下方放置一垫管,使焊接端翘起地面,便于焊接施工。用尺子丈量出所需的截割长度后,将专用模具从导向段缺口处卡装于待焊接钢管上,并使夹持段前端面与丈量出的截割位置重合,平衡尺的下端面紧密贴合于待焊接钢管上端面;用粉笔沿夹持段前端面的内圆轮廓线画截割线,取下专用模具,对待焊接钢管进行截割,截割完成后将专用模具再次卡装于待焊接钢管上,并将法兰盘紧贴于半圆环状夹持段的前端面,确保法兰盘前端面与待焊接钢管截割端管口重合后,进行法兰盘与钢管的焊接作业。焊接完成,将专用模具取下即可。专用模具或法兰盘卡装于待焊接钢管上时,靠近待焊接钢管焊接端的近、远定义前、后端面,靠近的为前端面,否则为后端面。